LEÇONS ÉLÉMENTAIRES

D'HISTOIRE NATURELLE

ET D'AGRICULTURE

A l'usage des Écoles primaires supérieures

PAR

C. HARAUCOURT

Professeur au Lycée et à l'École des Sciences de Rouen.

TROISIÈME ANNÉE

PARIS

LIBRAIRIE CLASSIQUE DE F.-E. ANDRÉ-GUÉDON

E. ANDRÉ Fils, Successeur

6, rue Casimir-Delavigne (près l'Odéon)

(CI-DEVANT, 13, RUE SÉGUIER)

LEÇONS ÉLÉMENTAIRES

D'HISTOIRE NATURELLE

ET

D'AGRICULTURE

Troisième année.

OUVRAGES DE M. C. HARAUCOURT

Cours élémentaire de physique à l'usage des *Lycées*, des *Collèges*, des candidats aux baccalauréats, et de tous les établissements d'instruction, contenant de nombreux exercices numériques résolus et à résoudre, *Sixième édition* revue et corrigée. 1 v. in-8, br............... 6 »

Leçons élémentaires de physique, à l'usage des Écoles primaires supérieures. **Programmes du 21 Janvier 1893.**
Première et deuxième années. Deuxième édition. 1 vol. in-12, cart. 2 50
Troisième année. 1 vol. in-12, cartonné...................... 1 20

Cours de physique, à l'usage de l'Enseignement secondaire des jeunes filles et des candidats au Brevet supérieur, d'après les programmes officiels. *Cinquième édition.* 1 vol. in-8, broché.................. 4 »

Notions de chimie :
Première partie (Métalloïdes). *Septième édition.* 1 vol. in-8, br.. 2 »
Deuxième partie (Métaux). *Cinquième édition.* 1 vol. in-8, br... 2 50
Troisième partie (Chimie organique). *Sixième édition.* 1 vol. in-8, broché............... 1 80

Cours élémentaire de chimie, comprenant les métalloïdes et leurs composés, les métaux et leurs sels, les corps organiques et leurs applications, à l'usage des Lycées et Collèges, des Écoles normales primaires et des aspirants au Brevet supérieur. *Septième édition.* 1 v. in-8, br. 4 »

Leçons élémentaires de chimie, à l'usage des Écoles primaires supérieures. **Programmes du 21 Janvier 1893.**
Première et deuxième années. Deuxième édition. 1 vol. in-12, cart. 2 50
Troisième année. 1 vol. in-12, cart...................... 1 60

Premières leçons de chimie. 1 vol. in-12, broché........ 1 »

Leçons élémentaires d'Histoire naturelle, à l'usage des Écoles primaires supérieures. **Programmes du 21 Janvier 1893.**
Première année. 1 vol. in-12, cartonné.................. 1 80
Deuxième année. 1 vol. in-12, cartonné.................. 1 60
Troisième année. 1 vol. in-12, cartonné.................. 0 80

Leçons élémentaires d'histoire naturelle (ancien programme).
Dixième édition. 1 vol. in-12, cartonné.................. 2 »

Notions élémentaires de sciences physiques et naturelles, à l'usage du Cours supérieur des écoles primaires, des Cours complémentaires et des candidats au Brevet élémentaire. *Vingtième édition.* 1 vol. in-12, cartonné................. 2 40

OUVRAGES DE M. RENÉ LEBLANC
Inspecteur général de l'Enseignement primaire.

Notions de sciences physiques et naturelles appliquées à l'Agriculture (50 *expériences pour l'Ecole primaire*). *Deuxième édition* revue et corrigée. 1 vol. in-12, cartonné............. 1 »

Les sciences physiques à l'école primaire et dans les classes préparatoires. 365 expériences faciles à exécuter et très concluantes.
Première partie (**Physique**). *Septième édition.* 1 vol. in-12, br. 1 50
Deuxième partie (**Chimie**). *Septième édition.* 1 vol. in-12, br. 1 50
Première et deuxième parties réunies en 1 vol. in-12, cartonné............. 3 »

Manipulations de chimie. *Sixième édition.* 1 vol. in-12, br... 1 50

ENSEIGNEMENT PRIMAIRE SUPÉRIEUR

Programmes du 21 janvier 1893

LEÇONS ÉLÉMENTAIRES

D'HISTOIRE NATURELLE

ET D'AGRICULTURE

A l'usage des Écoles primaires supérieures

PAR

C. HARAUCOURT

Professeur au Lycée et à l'École des sciences de Rouen.

TROISIÈME ANNÉE

PARIS

LIBRAIRIE CLASSIQUE DE F.-E. ANDRÉ-GUÉDON

E. ANDRÉ FILS, SUCCESSEUR

6, rue Casimir-Delavigne (près l'Odéon)

(CI-DEVANT, 15, RUE SÉGUIER)

1895

Programmes du 21 janvier 1893

TROISIÈME ANNÉE

Zoologie.

Grandes lignes de la classification zoologique. Caractères des embranchements.

Caractères des classes de l'embranchement des vertébrés.

Mammifères. — Division des mammifères en ordres. — Mammifères utiles et nuisibles. — Fourrures et lainages.

Oiseaux. — Principaux groupes. — Espèces utiles et nuisibles. — Usages de la plume.

Reptiles et batraciens. — Espèces utiles et nuisibles.

Poissons. — Poissons osseux et cartilagineux. — Organisation. Principaux groupes. — Principales espèces comestibles. — Pisciculture.

Mollusques. — Notions sommaires sur leur organisation. — Principaux groupes. — Mollusques utiles.

Articulés et annelés. — **Insectes.** — Notions sommaires sur l'organisation des insectes. Métamorphoses. — Très courte revue des principaux ordres, en se bornant à l'indication des espèces utiles et nuisibles. — Insister sur les abeilles, les hannetons, les pucerons et le phylloxera. — Arachnides. — Crustacés. — Espèces comestibles. Annélides (lombric et sangsue) ; quelques mots sur les vers intestinaux.

Zoophytes et protozoaires (notions succinctes).

Section agricole. — Notions plus détaillées sur les animaux dans leurs rapports avec l'agriculture.

Animaux utiles et nuisibles.

Développement des questions qui intéressent plus particulièrement la contrée.

Hygiène.

L'Eau. — Les diverses eaux potables : eau de source, eau de rivière, eau de puits. — L'eau de source seule est pure ; toutes les autres peuvent être contaminées ; modes de contamination.

Les moyens de purifier l'eau potable : filtration, ébullition.

L'Air. — De la quantité d'air nécessaire dans les habitations, etc. — Dangers de l'air confiné. — Renouvellement de l'air. — Ventilation. — Altération de l'air par les poussières, les gaz.

Voisinage des marais.

Les Aliments. — Falsifications principales des aliments usuels, solides et liquides.

Viandes dangereuses, parasitisme et germes infectieux (trichinose, ladrerie, charbon, tuberculose); viandes putréfiées (intoxication par la viande du porc, les saucisses.

Des boissons : vins, cidres, bières, thé, café, alcool. L'alcoolisme.

Les maladies contagieuses. — Qu'est-ce qu'une maladie contagieuse ou transmissible? Exemple : une maladie type dont la transmission est expérimentalement facile, le charbon, expériences de M. Pasteur.

Indication rapide des principales maladies contagieuses de l'homme; voies de transmission : l'air, l'eau, l'appareil respiratoire, l'appareil digestif.

Teigne, gale, fièvres éruptives, variole, rougeole, scarlatine, tuberculose.

Vaccination. Revaccination. — Mortalité par variole.

Mesures de préservation. — Prophylaxie. — Désinfection. — Propreté corporelle.

Conditions de salubrité d'une maison. — La maison salubre, la maison insalubre. — Fosses d'aisances.

Les maladies transmises par les déjections humaines. Fièvre thyphoïde. — Choléra.

Notions de police sanitaire des animaux. — Maladies transmises à l'homme, la rage, la morve, le charbon, la tuberculose. Abatage, enfouissement. (Loi du 21 juillet 1881 sur la police sanitaire des animaux.)

Botanique.

Complément du cours de 1ʳᵉ année et du cours de 2ᵉ année avec plus d'extension.

Revue des familles naturelles. On fera porter les développements sur les groupes qui offrent un intérêt plus particulier pour chaque région, et spécialement sur les espèces qui sont l'objet des cultures les plus importantes.

Continuation des promenades botaniques.

Géologie.

Esquisse de la classification des terrains et de leur ordre chronologique de formation et de superposition. (*On insistera seulement sur les terrains particuliers à la région*).

Terrains ignés. — Leur origine; leurs variétés; forme sous laquelle ils se présentent. — Soulèvements et affaissements du sol, failles; origine des montagnes et des vallées.

Terrains sédimentaires. — Origine; caractères; stratification et succession. — Indication des terrains les plus importants pour les matières qu'ils fournissent à l'industrie. — Fossiles; renseignements qu'ils nous donnent sur l'apparition successive des êtres organisés.

Carte géologique de la France et particulièrement de la région.

LEÇONS ÉLÉMENTAIRES
D'HISTOIRE NATURELLE
(Troisième année.)

I. — ZOOLOGIE

CHAPITRE PREMIER

CLASSIFICATION ZOOLOGIQUE

1. Espèce. — La classification zoologique est la réunion des animaux en groupes distincts à l'aide des ressemblances qu'ils présentent, des caractères extérieurs qu'on leur reconnaît, de la différence ou de la similitude de leurs oganes ou de leurs fonctions.

On nomme **espèce** *l'ensemble des animaux qui se ressemblent autant entre eux qu'ils ressemblent à ceux dont ils sont nés.*

On fait de l'espèce la base de la classification parce que les caractères s'en maintiennent constants d'une génération à la suivante, et qu'ils ne se modifient d'ordinaire que par le croisement.

Quand des animaux d'une même espèce présentent entre eux des différences peu importantes, on dit qu'ils forment des *variétés* de cette espèce.

2. Genre et **famille**. — Les espèces sont très nombreuses et plusieurs d'entre elles ont des ressemblances assez voisines. Pour rendre la classification plus commode, on réunit en un même groupe, appelé **genre**, les espèces qui se ressemblent le plus.

C'est ainsi que le chien *lévrier*, l'*épagneul*, le *basset*, le *boule-dogue*, qui forment autant d'espèces distinctes, sont réunis dans le **genre chien** à cause de leurs ressemblances.

Dans le même ordre d'idées, on réunit sous le nom de **famille** l'ensemble des genres qui se ressemblent. Ainsi la famille des chats comprend non seulement le chat sauvage et le chat domestique, mais aussi le lion, le tigre, la panthère, le léopard, le lynx.

3. Ordre. Classe. Embranchement. — Les familles sont groupées en *ordres*, les ordres en *classes* et les classes en *embranchements*. C'est ainsi que les chiens, la famille du chat, celle des petits carnassiers vermiformes, martre, putois, loutre, celle des ours et blaireaux forment ensemble l'**ordre des carnivores**, ainsi appelés de leurs molaires tranchantes et de leurs mâchoires disposées pour couper la chair.

Cet *ordre* des carnivores est l'un des ordres de la **classe** des mammifères, laquelle fait partie de l'**embranchement** des *vertébrés*.

4. Vertébrés et **invertébrés**. — Quand on examine comparativement d'une part un chien, un coq, un lézard, une truite, et d'autre part une écrevisse ou un hanneton, un escargot ou une limace, une astérie ou une anémone de mer, on trouve deux grands groupes très différents.

Dans le premier rentrent les animaux qui ont des pièces solides à l'intérieur du corps, des os articulés pour former un squelette intérieur, une colonne vertébrale ; on les appelles les **vertébrés** (fig. 1).

Dans le second groupe se placent les animaux sans os, sans pièces solides à l'intérieur du corps, sans vertèbres. On peut les appeler les **invertébrés**. On ne trouve en effet aucune pièce solide à l'intérieur du corps dans une limace, une écrevisse, une étoile de mer.

Mais si l'on groupe ces invertébrés d'après la forme de leur corps, d'après leurs caractères généraux, on en fait trois groupes dont chacun est presque aussi nettement défini que le groupe des vertébrés. On divise

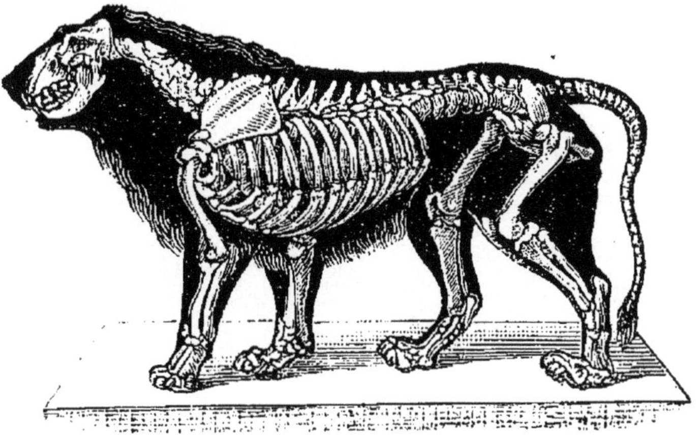

Fig. 1. — Squelette de lion.

alors le règne animal comme l'a fait Cuvier en quatre grandes formes ou embranchements.

5. Les quatre embranchements de Cuvier.
— 1º Les **vertébrés** qui ont un squelette intérieur : tels

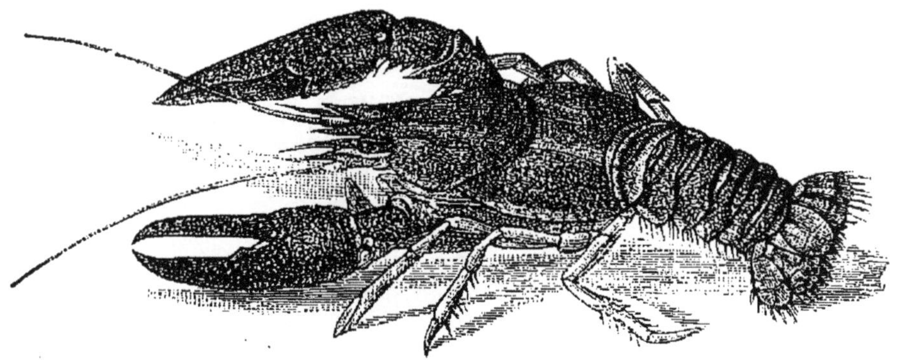

Fig. 2. — Écrevisse.

sont le chien et le mouton, les oiseaux. un lézard, une grenouille, un poisson ;

2º Les **annelés** ou **articulés** qui ont le corps en anneaux successifs à surface durcie : un hanneton, une écrevisse (fig. 2), un scorpion ;

3° Les **mollusques**, qui ont le corps mou, sans squelette intérieur ni extérieur, souvent une coquille calcaire : l'huître, la moule, l'escargot (fig. 3).

Fig. 3. — Escargot.

4° Les **zoophytes**, dont le nom veut dire animal-plante ; quelques-uns ressemblent, en effet, aux plantes comme l'anémone de mer (fig. 4), les polypes.

On les appelle aussi *rayonnés*, parce que leur corps est symétrique autour d'un point central, comme dans l'oursin et l'étoile de mer.

Fig. 4. — Anémone de mer.

6. Les classes des vertébrés. — Outre le squelette intérieur, qui est leur principal caractère, les vertébrés ont tous le sang rouge, le système nerveux avec une partie centrale analogue à l'encéphale de l'homme et des nerfs, les principaux organes de nutrition semblables à ceux que nous avons décrits dans le corps de l'homme.

Ils sont très différents de forme et de taille ; mais ils se groupent en cinq classes bien distinctes :

FIG. 5. — Vache laitière.

Les **mammifères,** qui mettent au monde leurs petits

FIG. 6. — Coq et poule.

vivants et qui les nourrissent du lait de leurs mamelles (fig. 5).

Les **oiseaux**, organisés pour le vol, avec le corps couvert de plumes (fig. 6).

Les **reptiles**, à corps écailleux et à membres courts, (fig. 7).

Les **poissons**, qui respirent l'air dissous dans l'eau et dont les membres sont des palettes appelées nageoires (fig. 8).

Les **amphibiens**, qui ressemblent aux poissons par la forme du corps et le mode de respiration dans les premiers temps de leur vie, et qui prennent ensuite des membres et une respiration aérienne (fig. 9).

Fig. 7. — Lézard.

Chacune de ces classes se subdivise à son tour en ordres, familles, genres et espèces.

Les cinq classes des vertébrés peuvent encore être

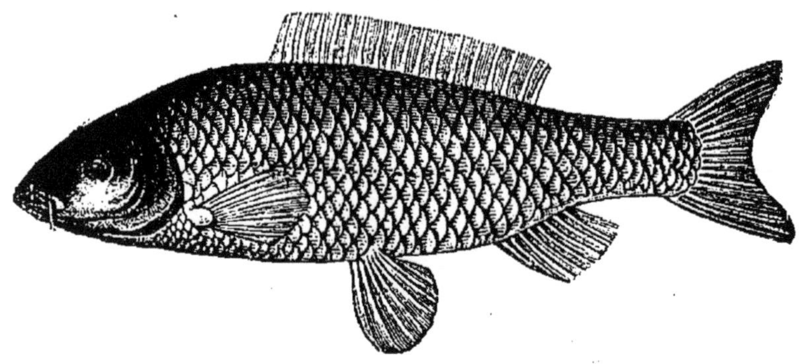

Fig. 8. — Carpe.

établies en prenant pour point de départ la respiration, et pour second caractère l'aspect de la peau et la forme des membres.

Le tableau suivant présente un résumé de ces caractères.

Respiration aérienne...
- peau couverte de poils, allaitement des petits. **Mammifères.**
- peau couverte de plumes, membres antérieurs en ailes...... **Oiseaux.**
- peau transformée en écailles dures. Membres courts ou absents. .... **Reptiles.**

Respiration aquatique..
- dans les premiers temps de la vie seulement.. **Batraciens.**
- par branchies, toute la vie................ **Poissons.**

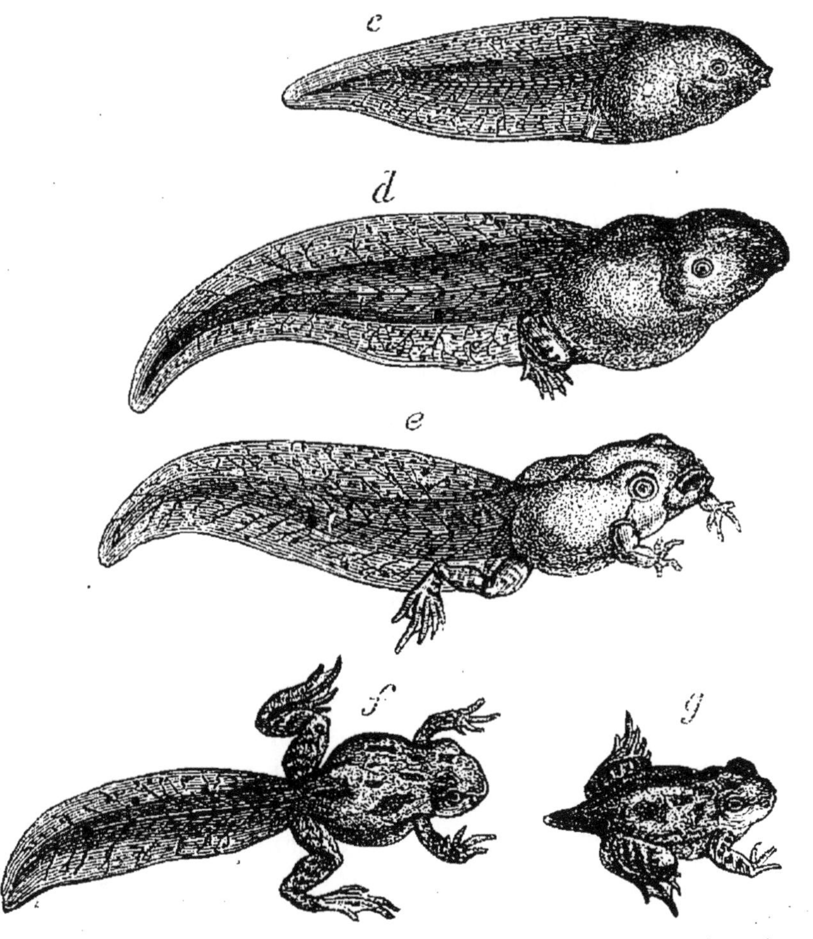

FIG. 9. — Métamorphoses d'un batracien.

7. Les classes des annelés ou articulés. — On peut établir dans l'embranchement des annelés cinq classes qui se distinguent facilement les unes des autres : les **insectes**, les **myriapodes**, les **arachnides**, les **crustacés** et les **vers**.

Les quatre premières classes sont à pieds articulés, et sont appelées pour cette raison les **arthropodes**.

La classe des **vers** est sans pieds et sans squelette extérieur, avec des membres, quand ils existent, réduits à de simples tubercules charnus garnis de soies rudes et courtes groupées en petits pinceaux.

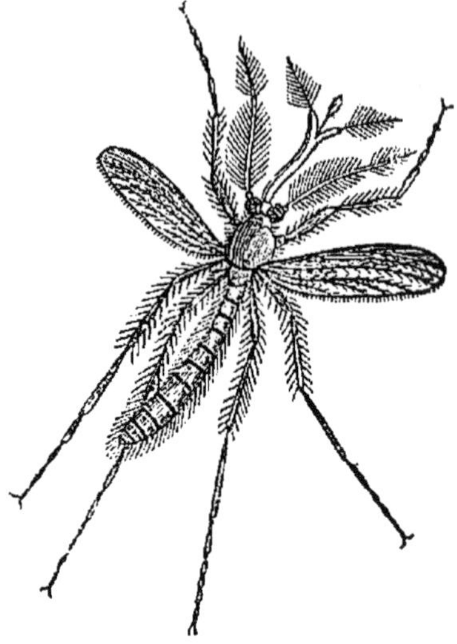

Fig. 10. — Insecte (cousin).

Les trois premières classes ont la respiration trachéenne; la quatrième et la cinquième ont la respiration par branchies. Les myriapodes ont un grand

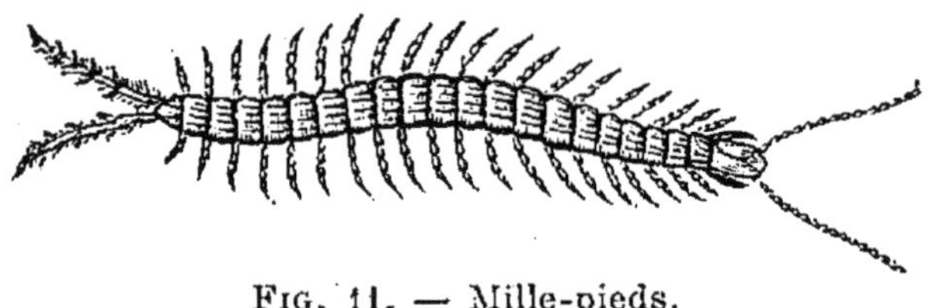

Fig. 11. — Mille-pieds.

nombre d'anneaux distincts et beaucoup de pattes; les arachnides ont le corps en deux parties dissemblables et les insectes ont le corps en trois parties dont une donne attache aux pattes.

Articulés ou annelés	**Arthropodes** pattes formées de plusieurs articles; peau durcie	respirant dans l'air.	Six pattes....	Insectes.
			Huit pattes..	Arachnides.
			Pattes très nombreuses.	Myriapodes.
		respirant dans l'eau......		Crustacés.
	Pas de pattes. — Peau molle................			Vers.

FIG. 12. — Araignée.

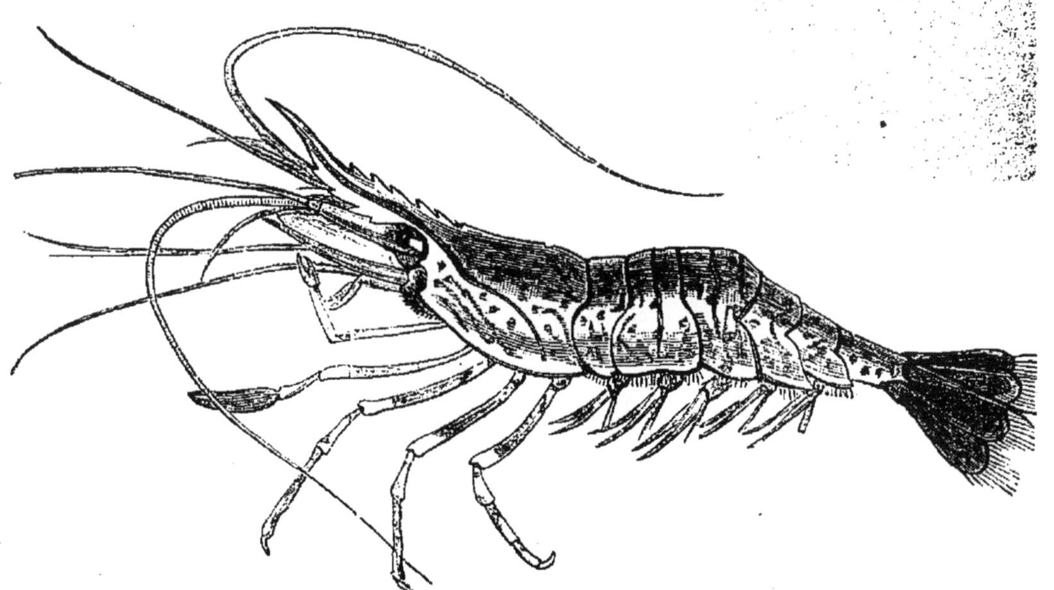

FIG. 13. — Crevette.

FIG. 14. — Ver (*Arénicole*).

8. Les classes des mollusques. — On a groupé les mollusques d'après la forme extérieure de leur corps, d'après certains organes tentaculaires, d'après la disposition des branchies : on peut citer cinq classes comme dans les embranchements précédents :

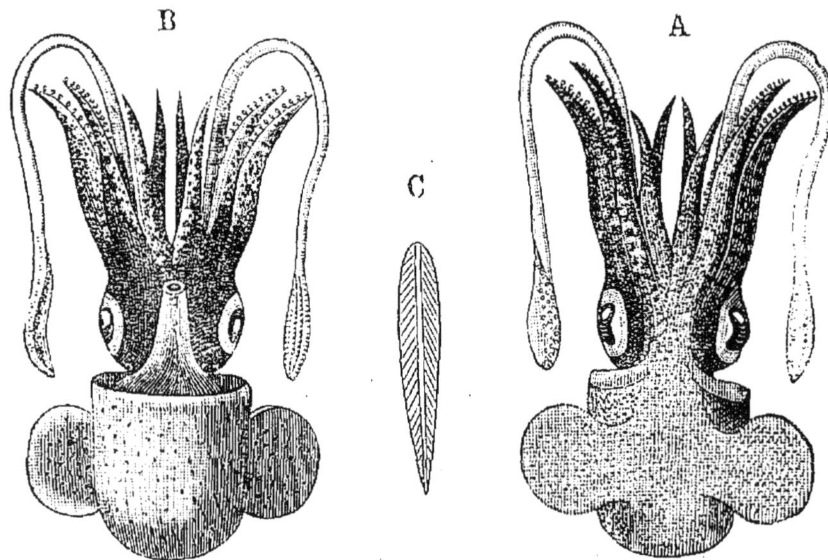

FIG. 15. — Céphalopode.

FIG. 16. — Gastérope (porcelaine).

FIG. 17. — Moule.

Les **céphalopodes** qui ont autour de la bouche de longs pieds ou tentacules;

Les **gastéropodes** dont le manteau forme sous le corps un repli charnu mobile qui sert à l'animal pour se déplacer;

FIG. 18. — Étoile de mer (Échinoderme).

Les **brachiopodes** qui ont une coquille bivalve et deux palpes ou bras tentaculaires;

Les **acéphales** dans lesquels la tête n'est pas distincte du reste du corps; enfin les *mollusques d'organisation inférieure* que l'on divise parfois en *bryozoaires* et en *tuniciers*. Le tableau suivant résume cette classification.

Mollusques.	Couronne de bras autour de la bouche.	Céphalopodes.
	Coquille simple, enroulée — pied ventral.	Gastéropodes.
	Coquille bivale { bras tentaculaires.... / branchies en lamelles.	Brachiopodes. / Acéphales.
	Corps en forme de sac, fixé ou libre et cylindrique...........	Tuniciers.

9. Les classes des zoophytes ou rayonnés.

— Le quatrième embranchement de Cuvier comprenait des animaux d'aspect très divers, tous à structure rayonnée, ou bien réduits à une cellule avec des cils vibratiles. On y trouvait :

Fig. 19. — Cœlentéré.

Les **échinodermes**, avec la peau durcie, garnie de piquants calcaires;

Les **polypes** à corps mou, vivant isolés ou en groupes et se reproduisant par bourgeonnement;

Les **protozoaires**, agrégés ou isolés, et comprenant les spongiaires, les infusoires et les petits êtres microscopiques.

On les classe actuellement en deux groupes :

Les animaux à structure rayonnée;

Les petits animaux unicellulaires, sans symétrie, ou **protozoaires.**

Le premier groupe comprend :

Les **échinodermes**, à squelette extérieur incrusté de calcaire, avec l'appareil circulatoire distinct de l'appareil digestif.

Les **cœlentérés**, dont l'appareil circulatoire est confondu avec l'appareil digestif, comme la méduse, le corail, l'actinie.

Le groupe des **protozoaires** se divise également en deux classes :

Les **infusoires**, comme la *vorticelle.*

Fig. 20. — Éponge.

Les **rhizopodes**, comme les foraminifères et les monères.

---

10. Classification actuelle en embranchements. — On ne suit plus absolument la classification de Cuvier. L'embranchement des vertébrés reste le premier, très nettement caractérisé par la présence du squelette intérieur.

L'ancien embranchement des *annelés* se divise en deux :

Les **arthropodes** et les **vers.**

Les **tuniciers**, avec leur ganglion nerveux, leur cœur simple et leurs branchies, ont été séparés des **mollusques.**

Et au lieu des rayonnés, on a les trois groupes :

Échinodermes, cœlentérés, protozoaires.

Ce qui fait au total huit grands groupes très distincts, dont chacun est subdivisé en classes.

CHAPITRE II

MAMMIFÈRES

11. Division des mammifères en ordres. —
Aux caractères déjà indiqués, *de mettre au monde leurs
petits vivants* et *de les nourrir du lait sécrété dans leurs
mamelles*, ajoutons que les mammifères ont le sang
chaud, le cœur à quatre cavités, la circulation complète; que leur corps toujours pourvu de membres en
possède souvent deux paires, que la peau est habi-
tuellement couverte de poils.

Au point de vue des fonctions organiques, tous les
mammifères se ressemblent; mais il y a entre eux bien
des différences, suivant leur genre de vie, dans la forme
des membres, des dents et de l'estomac.

C'est sur ces différences que l'on s'appuie pour établir
la classification.

On a groupé les mammifères en ordres d'après le
nombre des membres et la disposition de leurs extrémités,
d'après le *système dentaire* et aussi d'après la *manière
dont naissent les petits*.

A ce dernier point de vue, il faut signaler les **didelphes**, qui mettent au monde leurs petits dans un état
imparfait, à tel point que le jeune animal doit rester
quelque temps suspendu à la mamelle de la mère pour
continuer son développement. Les femelles ont autour
des mamelles un repli de la peau qui forme comme
une bourse ou poche destinée à soutenir et à loger leur
progéniture. Cette poche est soutenue par des os
appelés os *marsupiaux*, qui sont la caractéristique des
deux derniers ordres de mammifères.

Ces ordres sont les **marsupiaux**, comme la *sarigue*,
et les **monotrèmes**, comme l'*ornithorinque*, qui se rapproche des oiseaux par ses pieds palmés et par l'existence d'un *cloaque* à l'extrémité de l'intestin.

Dans les autres mammifères, c'est la *forme et la disposition des membres* qui servent d'abord aux subdivisions.

On appelle **cétacés** ceux *qui manquent de membres abdominaux*, dont les *membres thoraciques sont convertis en nageoires*, dont le corps prend la forme des poissons. Ils ont la vie essentiellement aquatique, mais leur respiration est toujours aérienne. Ils ont une nageoire caudale *horizontale* et non verticale comme celle des poissons. La plupart sont de très grande taille ; quelques-uns atteignent plus de vingt mètres de longueur. On cite particulièrement dans cet ordre les *dauphins*, les *cachalots* et les *baleines*.

Les mammifères pourvus de quatre membres, mais dont *les membres postérieurs sont palmés et propres à la natation*, qui ont un genre de vie aquatique, ont reçu le nom d'**amphibies** : c'est le *phoque*, dont la partie antérieure du corps rappelle la forme des carnivores terrestres, et le *morse*, dont la mâchoire est armée de défenses que l'on utilise comme ivoire pour la fabrication des dents artificielles.

L'extrémité des membres fait classer tous les autres mammifères en **ongulés** et en **onguiculés** ; les premiers ont les doigts enveloppés d'une gaine cornée formant *sabot ;* les autres ont à l'extrémité des doigts des *griffes* ou des *ongles*.

Les mammifères à sabots, que leurs pieds soient terminés en deux ou quatre doigts, comme ceux de la chèvre ou du porc, ou en un seul sabot, comme chez le cheval, forment deux ordres : les *ruminants* et les *pachydermes*.

Les **ruminants**, qui ont un quadruple estomac, formé de la *panse*, du *bonnet*, du *feuillet* et de la *caillette*, mâchent deux fois leurs aliments. Ils sont essentiellement herbivores ; ils avalent l'herbe après l'avoir mâchée grossièrement et l'envoient dans la panse et le bonnet, où elle tombe par une gouttière de l'œsophage ; puis, par un mouvement musculaire, ils la font remonter dans la bouche où ils la mâchent à nouveau et complètement sous leurs grosses molaires en forme de meules, pour l'envoyer directement au feuillet, puis à la caillette où commence la digestion stomacale.

Les **pachydermes** sont des ongulés qui ne ruminent pas, leur estomac est simple comme celui de tous les mammifères, à l'exception de ceux de l'ordre précédent.

Pour grouper les **onguiculés**, à griffes ou à ongles, on a eu d'abord recours au système dentaire.

On a fait un ordre, les **édentés**, de ceux qui n'ont jamais d'incisives, qui peuvent manquer de canines ou même n'avoir aucune espèce de dents : les *fourmiliers*, les *pangolins* et les *tatous*, qui font partie de ce groupe, sont tous des animaux exotiques.

On appelle **rongeurs** ceux des mammifères onguiculés qui manquent de canines, mais qui *ont toujours des incisives*, deux à chaque mâchoire, fortes, taillées en biseau et destinées à ronger ou à mordre.

On désigne sous le nom d'**insectivores** ceux qui ont une dentition complète, mais disposée pour prendre et broyer les insectes ; tels sont les *hérissons*, qui ont le corps garni de piquants, les *musaraignes*, dont la forme se rapproche de celle des rats, et les *taupes*, qui fouissent des galeries dans les jardins, mais qui détruisent beaucoup de larves d'insectes.

On a appelé **chéiroptères** les *chauves-souris* et les animaux analogues qui se nourrissent de fruits et d'insectes, mais dont le caractère est d'avoir les membres convertis en une sorte d'aile par une membrane qui réunit les doigts longs et grêles et qui se fixe aux flancs.

Les **carnivores** constituent l'ordre de ceux qui ont la dentition complète, des incisives propres à couper, des canines fortes pour déchirer, des molaires dont la plupart sont pointues. Les canines sont de véritables crocs, acérés et forts, et dont la puissance est encore augmentée par la force d'articulation de la mâchoire inférieure.

Il reste deux ordres que l'on avait réunis sous le nom de **primates** et qui contiennent les singes et l'homme. On les sépare souvent par la considération des extrémités des membres : les singes ont les quatre membres terminés par une main dont un des doigts est quelque peu opposable aux autres ; et l'homme n'a cette disposition qu'aux membres antérieurs. Mais, dans le membre inférieur des singes, le cinquième doigt n'est pas absolument opposable à tous les autres, et si l'animal marche sur le métatarse et les doigts, il ne peut pas mouler cette extrémité sur les corps à l'égal de celle du membre antérieur. Quoi qu'il en soit, on a souvent groupé les singes en *singés proprement dits* et en *anthropomorphes*, ou bien on en a fait l'ordre des *quadrumanes ;* et l'homme a formé celui des *bimanes.*

C'est donc treize ordres de mammifères que l'on peut distinguer les uns des autres par des caractères saillants.

Le tableau suivant résume tous les caractères qui précèdent et présente l'ensemble de la division en ordres de la classe des mammifères.

Division des mammifères en ordres.

MAMMIFÈRES.

Monodelphes; gestation normale; pas d'os marsupiaux..
- quatre membres.
  - animaux terrestres; membres postérieurs destinés à poser sur le sol.......
    - pieds onguiculés
      - dentition complète
        - des mains
          - aux extrémités antérieures seulement.............. **Bimanes**...... *Espèce humaine.*
          - aux quatre extrémités.... **Quadrumanes**. *Singes : anthropomorphes, à queue prenante.*
        - pas de mains.
          - membres antérieurs convertis en ailes.......... **Chéiroptères**.. *Chauve-souris.*
          - membres conformés pour marcher ou fouir.......
            - molaires hérissées.. **Insectivores**.. *Taupe, Hérisson.*
            - molaires tranchantes... **Carnivores**.... *Chiens, Chats, Ours*
      - dentition incomplète.........
        - des incisives; pas de canines.................. **Rongeurs**..... *Rats, Lièvre,*
        - jamais d'incisives; parfois pas de dents.......... **Édentés**...... *Tatou, Fourmilier.*
    - pieds ongulés ..
      - estomac quadruple; rumination............. **Ruminants**.... *Bœuf, Mouton.*
      - estomac simple; pas de rumination........ **Pachydermes**. *Cheval, Sanglier.*
  - animaux aquatiques; corps de poisson dans sa partie postérieure...... **Amphibies**.... *Phoque, Morse.*
- deux membres, les antérieur, convertis en nageoires; corps entièrement pisciforme. **Cétacés**....... *Baleine.*

Didelphes; des os marsupiaux...
- une poche mammaire; pas de cloaque.....:.............. **Marsupiaux**... *Sarigue, Kangourou.*
- un cloaque; pas de poche mammaire............................ **Monotrèmes**.. *Échidné.*

12. Division des ordres les plus importants en familles et en genres.

— Les ordres les plus importants des mammifères par le nombre des espèces utiles à l'homme sont les **carnivores**, les **ruminants** et les **pachydermes**. En voici les subdivisions.

Ordre	Sous-groupe	Caractères	Genres
CARNIVORES	**Plantigrades** :	tout le pied appuyé dans la marche......................	*Ours. Blaireau.*
	Digitigrades ; doigts armés d'ongles. Le talon relevé dans la marche........	famille du **Chat**, une seule dent tuberculeuse et en haut seulement.........................	*Chats. Lions. Hyène.*
		famille du **Chien**, deux tuberculeuses à la mâchoire supérieure.	*Chiens. Loups. Renards.*
		vermiformes, corps allongé. Une tuberculeuse à chaque mâchoire.	*Martes. Putois. Loutres.*
RUMINANTS	Huit incisives à la mâchoire inférieure, et pas une à la supérieure..	cornes creuses.................	*Bœufs. Moutons. Chèvres.*
		cornes courtes, pleines et persistantes...............	*Girafe.*
		cornes pleines, rameuses et caduques......................	*Cerfs.*
		pas de cornes, de longues canines.	*Chevrotins.*
	Six incisives en bas, et deux en haut.	Camélidés. — Pas de cornes ; sabots petits, toute la longueur des doigts posé à terre........	*Chameaux. Lamas.*
PACHYDERMES	**Proboscidiens.** — Une longue trompe charnue, cinq doigts à tous les pieds...................		*Éléphants.*
	Pachydermes ordinaires. — Pas de véritable trompe ; quatre, trois ou deux doigts à leurs pieds.................		*Tapirs. Rhinocéros. Hippopotames. Cochons, Sangliers.*
	Solipèdes. — Pas de trompe ; un seul doigt développé......................		*Chevaux. Ane, Mulets.*

Toutes les espèces intéressantes ou utiles ont été étudiées dans le cours de première année et dans le cours de deuxième année.

Se reporter au cours de première année, pages 89 à
200, pour toutes les espèces animales : mammifères,
oiseaux, reptiles, batraciens et poissons ; insectes,
myriapodes, arachnides, crustacés et vers ; mollusques
divers ; échinodermes, cœlentérés, ou polypes, et
protozoaires.

Revoir le cours de deuxième année, pages 83 à 131,
pour l'étude particulière des animaux spécialement
utiles à l'agriculture et élevés pour leurs produits,
leur travail et leurs services.

II. — HYGIÈNE

CHAPITRE III

13. But et moyens de l'hygiène. — L'hygiène est l'art de conserver et d'améliorer la santé ; elle apprend à éviter les causes des maladies ; elle a des préceptes pour tous nos actes et pour toutes les fonctions de notre organisme.

Nous avons besoin de nous nourrir, de respirer, de nous vêtir et de nous abriter, d'exercer et de reposer tour à tour nos membres, nos sens et nos facultés intellectuelles. L'hygiène nous fournit des règles à suivre en ce qui concerne l'eau et l'air, les aliments, les vêtements, l'influence des agents atmosphériques, le choix de l'habitation, la durée et la forme des exercices physiques et du travail intellectuel.

L'hygiène s'appuie sur toutes les sciences physiques pour nous dicter des conseils relatifs aux soins à donner au corps, pour nous indiquer les meilleures conditions de salubrité du milieu que nous habitons et les précautions à prendre en cas d'accidents. Elle s'appuie sur les sciences biologiques pour nous enseigner le rôle des bactéries et des microbes, les maladies contagieuses ou transmissibles, les moyens de les éviter ou de les combattre.

L'EAU

14. Rôle de l'eau dans la vie de l'homme. — L'eau est indispensable à la vie de l'homme ; elle entre pour les deux tiers dans notre organisme. Nous en consommons 1 à 2 litres par jour comme boisson ordinaire, mais il en faut une bien plus grande quantité pour la cuisson des aliments, pour les divers soins de propreté du corps, le lavage du linge et des habitations, et, dans les villes, pour assurer la propreté des rues. Les hygiénistes estiment que, dans les grandes agglomérations, il faut pouvoir fournir un minimum de 150 litres d'eau par tête et par jour.

15. Eaux d'alimentation. — La pluie est l'origine commune de toutes les eaux de la nature que l'homme distingue en *eaux de sources* ou *de puits*, en *eaux d'étangs*, de *marais ou de rivières* et en *eau de la mer*.

Celles qui peuvent sans danger servir à l'alimentation sont dites *eaux potables*.

L'eau n'a pas besoin d'être absolument pure pour être potable. Elle doit être *limpide et fraîche, contenir les gaz de l'air en dissolution et des matières minérales dissoutes dans la proportion d'un demi-gramme par litre au maximum, être surtout exempte de matières organiques*.

L'eau de la mer n'est pas potable à cause du sel et des matières minérales qu'elle renferme.

L'eau des sources est la meilleure dont on puisse faire usage, quand elle est prise à la source même, à moins qu'elle ne soit trop chargée de matières minérales.

L'eau des puits ordinaires ou des puits artésiens est dans le cas de la précédente, quand le puits est tenu bien à l'abri des infiltrations qui pourraient amener des microbes dans l'eau.

L'eau des rivières est très souvent souillée par des matières organiques diverses et par des résidus qui la rendent, surtout au voisinage des usines et des grandes villes, absolument impropre à l'alimentation.

L'eau des mares ou des étangs contient aussi une grande proportion de matières organiques qui la rendent insalubre.

L'eau des citernes, qui provient de l'eau de pluie, est pauvre en matières minérales. Elle n'est bonne que si la citerne est tenue propre et si l'eau a été débarrassée par filtration des poussières qu'elle a pu enlever aux toits et aux gouttières.

16. Analyse d'une eau potable. — On reconnaît qu'une eau potable n'a pas d'excès de matière minérale quand elle dissout le savon sans produire de grumeaux, lorsqu'elle cuit bien les légumes, surtout les haricots et les pois. On s'assure qu'elle n'a pas trop de matières organiques quand, conservée pendant plusieurs jours en vase ouvert, elle ne prend pas une mauvaise odeur.

A ces deux essais préliminaires, la chimie ajoute, d'une part, la recherche des corps organiques par le permanganate de potasse ou par le chlorure d'or, et, d'autre part, l'*essai hydrotimétrique* qui révèle la quantité de carbonate de chaux dissous.

Il importe de compléter cette analyse chimique par l'*analyse bactériologique* qui fait connaître le nombre et les caractères des microbes contenus dans l'eau,

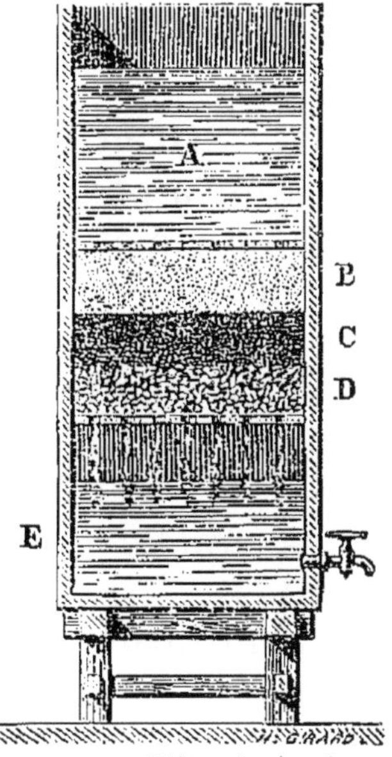

Fig. 21. — Filtre à charbon. A, eau à filtrer; — B, C, D, couches successives de sable, de charbon et de gros gravier; — E, eau filtrée.

cette dernière analyse est indispensable pour affirmer que l'eau ne renferme pas de germes nuisibles.

17. Moyens de purifier l'eau. — L'eau de source, recueillie à la source même ou conduite dans des réservoirs avec toutes les précautions qui en éloignent les souillures, est la *seule eau naturelle exempte de germes*.

Toutes les autres eaux peuvent être impures, alors même qu'elles seraient bien limpides. Elles peuvent avoir été contaminées par des infiltrations diverses et renfermer des germes dangereux. Il importe de les purifier avant de les livrer à la consommation.

On purifie les eaux par *filtration*, par *épuration chimique* et par *ébullition*. Le premier et le dernier de ces trois moyens doivent être particulièrement recommandés, parce que l'on peut aisément les pratiquer partout.

18. Filtration. — La filtration a pour but de retenir uniquement les matières en suspension dans l'eau, et de la rendre limpide. Pour être entièrement efficace, il faut qu'elle retienne aussi les germes organiques, quelle que soit leur petitesse.

La filtration est dite *naturelle* quand elle s'effectue dans le sol par des couches de sable ou de graviers. Elle est *artificielle* quand elle a lieu dans des appareils spécialement disposés pour cet objet.

Les filtres de ménage les plus simples sont le *filtre à charbon* (fig. 21) et le filtre Maignen. Le premier est une petite fontaine à double fond contenant un certain nombre de couches alternatives de sable lavé et de

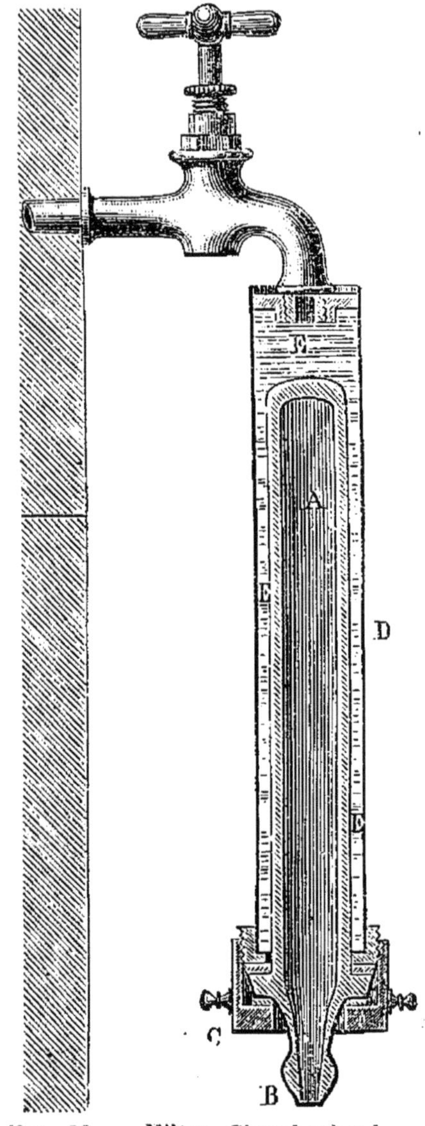

Fig. 22. — Filtre Chamberland. — A, bougie creuse en porcelaine; — B, extrémité par où s'écoule l'eau filtrée; — C, garniture; — D, tube extérieur contenant l'eau à filtrer E.

charbon de bois concassé, avec des cailloux en dessous et en dessus. Le charbon enlève les ordures et le sable clarifie. L'eau est privée en grande partie des gaz dissous qu'elle contenait ; on les lui rend en l'agitant quelque peu à l'air avant de la boire.

Les filtres Maignen sont à cône de porcelaine percillé, recouvert d'une toile d'amiante, avec une couche filtrante formée de poudre de charbon et de charbon en grains.

Le *filtre en porcelaine d'amiante* et le *filtre Chamberland* sont préférés aux précédents parce que non seulement ils clarifient l'eau, mais ils retiennent les microbes.

Le filtre Chamberland (fig. 22) est une sorte de bougie de porcelaine mastiquée dans un cylindre où l'eau arrive sous pression ou bien plongée simplement dans l'eau du réservoir. Les pores de cette bougie sont si petits que l'eau y passe lentement, mais que les germes organiques n'y passent pas. On nettoie souvent cet appareil pour lui garder ses propriétés : au moins tous les mois on le porte 20 ou 30 minutes à une température de plus de 120 degrés obtenue dans le four d'un poêle ou dans un four de boulanger.

19. Ébullition. — L'ébullition prolongée de l'eau est le mode le plus simple et le plus efficace de purification des eaux ; il est à la portée de tout le monde. En temps ordinaire il est à recommander, puisqu'après 20 minutes d'une température de 100 degrés, il n'existe plus dans l'eau aucun organisme microscopique nuisible. En temps d'épidémie il faut l'imposer, non seulement pour l'eau de boisson, mais même pour celle qui doit servir aux ablutions.

CHAPITRE IV

L'AIR

20. L'air et la respiration. — L'air est l'élément le plus indispensable à notre existence puisque nous n'en pouvons pas être privés même pendant quelques instants et que la privation amène très rapidement la mort.

Il est essentiellement formé de 79 volumes d'azote et de 21 volumes d'oxygène, avec du gaz acide carbonique dans la proportion ordinaire de 7 à 8 décigrammes par mètre cube, et de la vapeur d'eau qui varie avec l'état hygrométrique et la température depuis 3 à 4 grammes jusqu'à 30 grammes par mètre cube.

L'étude de la respiration nous a appris que l'élément essentiel de l'air, c'est l'oxygène, qu'un homme consomme par heure 20 à 25 litres d'oxygène et qu'il exhale 15 à 20 litres d'acide carbonique et 25 à 30 grammes de vapeur d'eau, que la proportion d'oxygène dans l'air respirable ne doit pas descendre au-dessous de 15 pour 100.

A l'air libre, dans l'atmosphère dont la composition est toujours à peu près la même, la respiration n'est jamais gênée par le manque d'oxygène ou par l'excès d'acide carbonique, mais il en est autrement dans un air confiné.

21. Air confiné. — Dans un espace limité ou dans un appartement clos dans lequel l'air ne se renouvelle pas, la respiration des personnes absorbe constamment de l'oxygène et émet constamment de l'acide carbonique. Il y a donc là une double cause d'asphyxie, d'une part l'épuisement du gaz utile et, d'autre part, l'augmentation du gaz nuisible.

Il s'y ajoute l'influence des matières exhalées par les

poumons et la peau, ce qu'on appelait autrefois les *miasmes*, qui donnent à l'air confiné l'odeur caractéristique appelée odeur de renfermé.

L'*asphyxie* peut se produire avant que la proportion d'oxygène ne soit descendue à 15 pour 100 ; elle est toujours précédée d'un sentiment de malaise, de vertiges, de nausées. Et quand même elle serait très lente, le séjour un peu prolongé dans un air malsain et confiné produit des accidents du côté des organes respiratoires dont la *tuberculose* est le plus redoutable.

Il faut donc, puisque l'on ne peut vivre constamment au grand air, que l'on séjourne plus ou moins de temps dans les habitations, se préoccuper des conditions du volume d'air nécessaire dans ces habitations et des moyens de l'y renouveler par ventilation.

22. Dimensions des locaux habités. — On pourrait calculer théoriquement la quantité d'air nécessaire dans une chambre pour un séjour d'une durée donnée en se basant sur la nécessité de n'y pas laisser monter à plus de 1 pour 1000 la proportion du gaz acide carbonique.

Mais dans la pratique, à cause de la ventilation possible par les interstices des portes et des fenêtres, on ne va pas jusqu'à cette limite.

On estime qu'il faut de 3 à 7 mètres cubes d'air par heure et par tête, suivant les causes possibles d'altération, c'est ainsi qu'on donne aux casernes plus qu'aux salles de réunion, aux ateliers plus qu'aux casernes, aux hôpitaux plus qu'aux ateliers.

La hauteur des appartements varie beaucoup ; mais il serait avantageux de ne pas la descendre au-dessous de 4 mètres pour les habitations particulières.

23. Ventilation. — La ventilation est le renouvellement de l'air dans une pièce souvent close ; elle est meilleure quand elle a lieu d'une manière insensible que si elle est brusque, parce que, dans ce dernier cas, elle peut produire des courants d'air dangereux.

On la dit *naturelle* quand elle s'effectue par les cheminées, les portes et fenêtres insuffisamment jointes, par l'ouverture momentanée des fenêtres.

Elle est *artificielle* quand on la réalise par des appareils spéciaux. Dans ce dernier cas, on procède par appel d'air ou par refoulement.

Par *appel d'air*, les salles à ventiler sont mises par le haut en communication avec une cheminée d'appel, tandis que par le bas, elles communiquent avec l'air extérieur. En entretenant dans la cheminée d'appel une lampe ou un petit foyer, on détermine une entrée lente de l'air du dehors dans toutes les salles.

Par *refoulement*, un appareil mû ordinairement par un moteur puise au dehors l'air qu'il envoie dans les locaux, tandis que l'air vicié en sort librement par des ouvertures supérieures.

24. Chauffage. — La ventilation est assez souvent réalisée par l'appareil de chauffage. C'est d'ailleurs toujours le cas dans la **cheminée** ancienne et dans quelques-unes des formes nouvelles.

La vieille cheminée brûlait beaucoup de combustible, elle chauffait mal, si elle ventilait bien. On a cherché à ne rien perdre de ses qualités de ventilation tout en essayant d'en faire un appareil de chauffage économique.

Dans un des modèles actuellement en usage, l'air puisé en dehors par un conduit (fig. 23) vient dans une boîte spéciale formant comme une plaque de foyer, il s'y échauffe, tend à s'élever et vient sortir ensuite dans la chambre par deux bouts de canaux que l'on peut découvrir ou laisser couverts et que l'on nomme bouches de chaleur. Ainsi monté, l'appareil chauffe bien et il n'a pas besoin d'un appel d'air par les portes comme la cheminée simple.

Le chauffage par les *poêles* est beaucoup plus économique que par les cheminées, mais il faut assurer la ventilation par un appareil spécial. Le poêle de fonte a l'inconvénient de griller les poussières de l'air et de développer une odeur désagréable ; quand on le porte au rouge, il en a un autre plus grave, c'est de se laisser traverser par les gaz de la combustion.

Les *poêles à flamme renversée*, fixes ou mobiles, où la combustion est lente et continue, produisent beaucoup

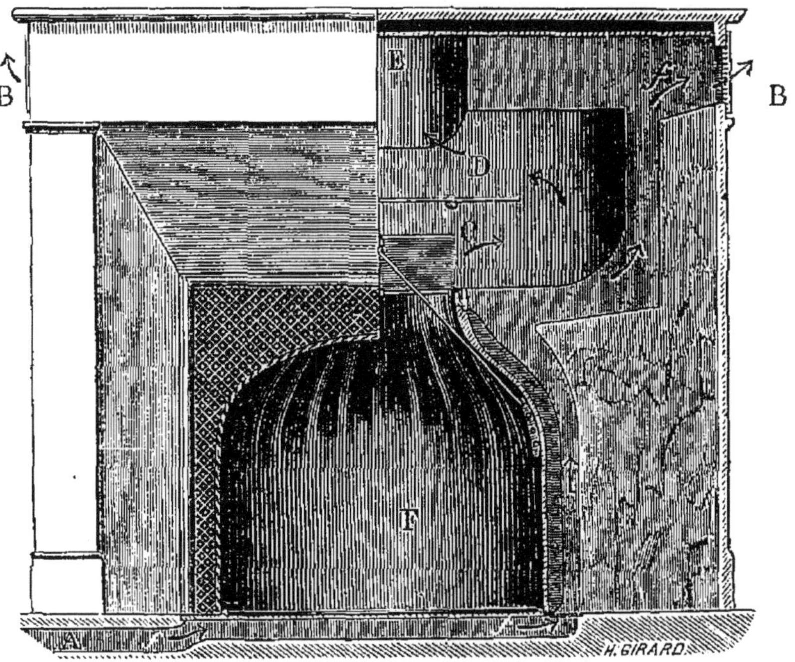

Fig. 23. — Cheminée Joly vue de face dans la moitié de droite et en coupe dans la moitié de gauche. — A, entrée de l'air frais venant du dehors ; *f f* flèches montrant son trajet pendant qu'il s'échauffe au contact des conduits C, D, E des gaz du foyer ; — B, sortie dans l'appartement.

d'oxyde de carbone. Comme ce gaz est très vénéneux, qu'il est incolore et sans odeur, il y a *nécessité absolue* à en assurer l'expulsion au dehors, sans quoi ces sortes de poêles deviendraient très dangereux.

Il faut donc : 1° que les gaz produits par la combustion ne puissent en aucun cas se mêler à l'air qui vient s'échauffer au contact de la paroi chaude, et 2° que l'expulsion de ces gaz ait lieu par une cheminée à très bon tirage.

Quand on les transporte d'une pièce dans une autre,

il faut être sûr que le tirage de la seconde cheminée est aussi bon que celui de la première, qu'elle est à section étroite. Si le tirage s'y renversait, pour une cause quelconque, les gaz toxiques seraient répandus dans l'appartement.

Les poêles mobiles sont très économiques, mais il faut les surveiller avec une attention minutieuse, ne les employer que dans les locaux assez vastes et bien aérés et les proscrire des appartements étroits et surtout des chambres à coucher.

25. Éclairage. — A l'éclairage par les corps gras, huiles ou bougies, viennent s'ajouter le pétrole et le gaz.

Le *pétrole* bien raffiné est sans danger, mais les essences minérales peuvent prendre feu à distance et constituer des mélanges détonants avec l'air ; on ne doit jamais les manipuler près d'une flamme ou d'un foyer.

Le *gaz* cause parfois des explosions, quand il s'est répandu dans l'air par une fuite, une fissure d'un de ses tuyaux, ou un robinet laissé ouvert. Dans le cas d'une fuite qui se révèle à l'odeur, il faut aérer très largement avant d'allumer.

Tous ces corps vicient quelque peu l'air, puisque leur combustion produit de l'acide carbonique ; mais la ventilation modérée y remédie.

L'*éclairage électrique* est le seul qui n'échauffe pas sensiblement l'air et qui ne le vicie pas.

26. Altération de l'air. — L'air atmosphérique peut être altéré par des poussières ou des gaz.

Les *poussières*, qui sont d'ordinaire invisibles quand elles sont très ténues, deviennent visibles sur le trajet d'un rayon lumineux pénétrant dans une chambre obscure.

Elles sont *minérales* comme le charbon, la poussière de chaux ou de ciment, ou *organiques* comme les fragments de laine ou de coton, le pollen des fleurs, les spores ou les germes des microbes.

Les unes et les autres peuvent atteindre l'organe respiratoire, y provoquer parfois une inflammation dangereuse, comme il arrive chez les ouvriers de certaines grandes fabriques.

Les poussières vivantes peuvent devenir particulièrement nuisibles, surtout dans les grands centres où la population est dense et le renouvellement de l'air insuffisant.

Les hygiénistes recommandent l'air de la campagne, beaucoup plus pur et moins chargé de microbes que celui des villes ; et dans les villes, ils posent comme précepte d'*éviter de disperser les poussières déposées sur le sol et sur les objets des appartements*.

La conséquence pratique, c'est de substituer pour les rues le nettoyage à grande eau au balayage sec, et dans les appartements, d'abandonner l'usage des plumeaux, qui secouent et déplacent la poussière, et de pratiquer, à l'aide d'un linge, l'essuyage des meubles et des parquets.

Les *gaz nuisibles* qui peuvent être contenus dans l'air sont l'*oxyde de carbone* provenant d'une combustion incomplète du charbon ou d'un appareil de chauffage mal monté ou mal conduit ; l'*hydrogène sulfuré*, qui peut provenir des fosses d'aisances ou des égouts, les *émanations ammoniacales* des fumiers ou des dépôts d'immondices. Les deux premiers surtout sont toxiques et l'on ne peut éviter leurs fâcheux effets que par une bonne ventilation.

Le *voisinage des marais* est insalubre ; on y contracte des fièvres dites paludéennes, fièvre de marais, malaria. La cause n'en est pas encore absolument connue ; mais le mal existe surtout autour des marais qui se dessèchent ou dont on remue la tourbe ; on ne peut espérer l'éteindre qu'en drainant les lieux marécageux, en assurant un écoulement à l'eau au lieu de l'y laisser stagnante.

27. L'air et la température, les vêtements. — Suivant le climat, les régions, les saisons, la température de l'air est élevée ou basse, égale ou supérieure dans un cas à la température normale du corps, notablement inférieure dans l'autre cas. Elle peut même passer du soir au matin dans le même lieu par des variations brusques.

Le séjour dans les températures extrêmes, les contrées tropicales ou les régions du Nord, exige une hygiène toute spéciale. Dans nos régions tempérées, la transition de l'été à l'hiver se fait lentement et il n'y a à redouter que les variations brusques et l'humidité.

On s'en défend par le linge de corps et les vêtements.

Le linge de corps en fil de coton, de lin ou de chanvre, même de laine ou de soie, doit permettre les échanges gazeux et les sécrétions dont la peau est le siège ; il faut le renouveler fréquemment, la propreté y est indispensable.

Les vêtements diffèrent beaucoup par la forme, la nature et la couleur de l'étoffe ; on les prend légers l'été, mauvais conducteurs de la chaleur l'hiver, blancs en toute saison pour les contrées ensoleillées. Les tissus de laine sont préférés à tous les autres dans les lieux où l'on doit se défendre contre les brusques variations de la température ou de l'humidité de l'air.

CHAPITRE V

L'ALIMENTATION

28. Aliments. — Les aliments sont les substances qui, prises par l'homme et les animaux, sont digérées, absorbées, transportées par le sang dans toutes les parties du corps pour réparer ses pertes et assurer son entretien et son accroissement.

Ils sont empruntés au règne minéral, comme l'eau et le sel, au règne végétal, comme les plantes diverses, au règne animal, comme les viandes, les œufs, le lait, etc.

Les aliments organiques, végétaux ou animaux, ont été classés, d'après leur composition et leur rôle, en *aliments ternaires ou non azotés*, comme les féculents, les sucres, les corps gras, et en *aliments quaternaires ou azotés*, comme le blanc d'œuf, la viande, la caséine, la gélatine, le gluten.

Le lait et l'œuf sont considérés comme des aliments complets, parce qu'ils renferment à la fois les deux groupes d'aliments organiques, des albuminoïdes azotés et des hydrates de carbone non azotés. C'est d'ailleurs la première nourriture de l'homme et des animaux.

29. Conditions de l'alimentation. — L'alimentation doit être suffisante au point de vue de la *quantité* et au point de vue de la *composition* des substances absorbées.

L'homme adulte, qui ne grandit plus, doit seulement réparer ses pertes journalières : la quantité de nourriture qui lui est nécessaire s'appelle *ration d'entretien*. Elle est dite *ration de travail* pour le journalier ou l'ouvrier qui fatigue ses muscles par un exercice long et soutenu.

L'enfant et l'adolescent, dont les organes se développent, ont en outre besoin d'un supplément que l'on peut appeler la *ration d'accroissement*.

Les pertes journalières d'un homme adulte du poids moyen de 65 kilogrammes sont d'environ :

Azote.	20 grammes.
Carbone	300 —
Sels divers	30 —
Eau.	2 000 —

Il est donc essentiel que l'alimentation apporte une quantité égale de ces divers éléments.

On peut bien faire une alimentation complète et suffisante avec du lait seulement, mais pour l'homme adulte il en faut une certaine quantité, au moins 4 litres par jour.

Voici le tableau qui donne la valeur des principales substances en albuminoïdes ou aliments quaternaires, en hydrates de carbone (féculents et sucres) et en corps gras.

Composition des aliments pour 1 000 grammes de substance fraîche (A. Gautier).

ORIGINE des ALIMENTS	NOMS DES ALIMENTS	EAU	ALBUMI-NOIDES A	HYDRATES de carbone B	GRAISSES C	SELS
Matières animales.	Bœuf gras............	640	183	»	166	11
	— rôti...........	699	229	»	51,9	10,5
	Veau................	720	198	»	82	13
	Porc frais..........	783	200	»	»	»
	— salé et fumé...	130	100	»	660	40
	Poules grasses.......	701	195	»	93	11
	Œufs de poule.......	756	122	5	107	10
	Cerveau.............	770	116	»	103	11
	Foie................	720	130	18	35	14
	Lait de vache........	865	36	55	40	4
	— d'ânesse........	907	17	58	15,5	»
	Poissons en général..	740	135	»	45	15
	Sole................	580	145	»	14	11
	Perche..............	440	100	»	2	8
	Morue fraîche.......	455	86	»	1	8
	— salée.	257	532	»	4	106
	Hareng salé.........	280	140	»	140	100
Matières végétales.	Pain de froment.....	330	88	550	10	17
	— seigle.......	400	77	480	10	16
	Froment.	140	146	670	12	16
	Seigle..............	166	90	675	20	19
	Riz.	144	64	781	4,3	·6,8
	Pois................	145	225	575	20	23
	Haricots............	160	225	540	20	24
	Lentilles.	115	265	580	25	16
	Pommes de terre....	760	15	200	2	10
	Cerises et raisins....	780	7	150	»	5
	Beurre..	119	7	7	850	15
	Fromage de Gruyère.	346	335	»	250	38,5

Avec les divers aliments, le pain, la viande, les légumes, les fruits, les œufs, les fromages, un seul aliment ne suffit plus. On les mélange, on les associe, on constitue une *alimentation mixte* qui contienne *sous le plus petit volume possible* les quantités nécessaires d'azote, de carbone et de sels.

Le campagnard se nourrit de pain, d'un peu de viande, de beaucoup de légumes, de vin à dose modérée et d'eau. Le citadin abuse souvent des aliments azotés.

L'hygiéniste offre à tous la possibilité de constituer un régime ou simplement réparateur ou même reconstituant, en indiquant la teneur en azote et en carbone de tous les aliments. On peut ainsi savoir dans quelles proportions il convient de les associer, suivant les circonstances.

30. Étude des principaux aliments. — Les principaux aliments solides sont la viande de boucherie, les volailles, les poissons, les crustacés et mollusques, les œufs, le beurre et les fromages, les farines des céréales employées sous forme de pain et de gâteaux, les graines, les fruits et les sucres.

Les principaux aliments liquides sont l'eau, le lait, les boissons alcooliques et fermentées comme le vin, la bière, le cidre et le poiré, les liqueurs et les eaux-de-vie, les infusions aromatiques comme le café et le thé.

L'hygiène se préoccupe surtout de la pureté de ces diverses substances ; elle étudie les *falsifications* dont ils sont parfois l'objet, les *altérations* que leur font subir les parasites qui s'y développent et la putréfaction qui peut les envahir.

31. Le Lait et ses dérivés. — On connaît la composition du lait : de l'eau renfermant en dissolution du sucre de lait, des matières azotées dont la caséine est la plus importante, des globules graisseux qui forment la *crème* et le *beurre* et des sels minéraux, chlorures et phosphates.

La **crème** est la couche des globules graisseux qui montent à la surface du lait abandonné au repos. Battue, elle donne le *beurre*.

Le lait écrémé ou non se coagule par l'acide lactique qui s'y développe ou par la *présure* qu'on y ajoute. La matière coagulée est la caséine, elle est la base des *fromages*.

Le lait est falsifié par l'écrémage et le mouillage.

L'écrémage consiste à enlever la crème qui s'est formée entre le moment de la traite du lait et le moment de sa mise en vente.

Le **mouillage** est une addition d'eau qui est blâmable parce qu'elle est une fraude et qu'elle peut même être un danger si l'eau est impure.

Le lait écrémé et mouillé est aussi parfois mélangé de farine ou d'amidon, dont on peut déceler la présence à l'aide du microscope.

Quand le lacto-densimètre ou pèse-lait ne suffit pas pour révéler le mouillage, on a recours à l'analyse et l'on dose le sucre de lait.

On ajoute parfois du bicarbonate de soude pour empêcher le lait de tourner à la cuisson; la dose tolérée est de 1 gramme par litre.

Le lait pur, non adultéré, peut être dangereux quand il provient d'animaux atteints de la tuberculose; il faut alors le faire bouillir avant de le consommer.

Le **beurre** peut être mélangé de diverses graisses et de *margarine* fabriquée industriellement. Ce n'est pas un danger pour la santé, mais c'est une tromperie sur la qualité de la marchandise.

32. Le pain. — Le pain est le principal aliment de l'homme, qui en consomme près d'un kilo par jour; il est fait avec de la farine de froment.

Les fraudes que l'on y constate consistent dans l'addition à la bonne farine, soit de farines vieilles ou altérées, soit de farines d'autres céréales ou même de légumineuses, soit enfin de certaines matières minérales comme la craie, le plâtre ou l'alun. La recherche de ces fraudes peut être faite au microscope; elle s'appuie sur ce que les grains d'amidon des diverses plantes ont des formes différentes et bien connues des micrographes.

33. Les boissons fermentées. — Les boissons les plus utilisées dans nos pays sont le vin, le cidre, la bière, auxquelles on ajoute en quantité moindre les eaux-de-vie et les diverses liqueurs. Leur caractère commun est de provenir d'un jus sucré que la fermentation a changé en alcool ; aussi sont-elles appelées *boissons alcooliques*.

L'alcool n'est pas un aliment nécessaire, puisque des peuples entiers s'en passent ou à peu près ; à doses répétées fréquemment, il devient dangereux ; il est nuisible aux tempéraments délicats et nerveux. A dose modérée, on le considère comme un aliment de réserve et un excitant. L'usage des boissons fermentées est ancien comme le monde.

(a) **Le vin**. — Le vin naturel consommé modérément est une boisson stimulante universellement appréciée. Mais l'hygiène condamne les falsifications dont les vins sont l'objet. Les deux principales sont le *mouillage* et le *vinage ;* elles sont intimement liées et elles entraînent d'u tres pratiques comme le *plâtrage*, le *sucrage*, la *coloration artificielle*, destinées à les dissimuler.

Le **mouillage** qui consiste dans l'addition au vin d'une certaine quantité d'eau paraît être une opération inoffensive ; mais en affaiblissant d'une part la couleur, d'autre part le degré alcoolique, le mouillage entraîne l'addition d'alcool qui ramène le degré normal et un colorant artificiel qui rendra au vin la couleur du vin naturel.

L'addition d'alcool ou **vinage** se pratique souvent à la cuve après la pression des raisins qu'on sait devoir donner des vins peu alcoolisés. Elle se pratique aussi sur des vins naturels destinés à être expédiés au degré de 15 à 20 pour 100 d'alcool pour être ensuite mouillés et ramenés à 10 degrés en vue de la vente pour la consommation.

Si l'on n'ajoutait que de l'alcool de vin, ou de l'alcool industriel bien rectifié, il n'y aurait pas grand mal; mais la rareté des alcools de vin et la cherté des alcools bien rectifiés font utiliser des alcools de grains, de pommes de terre, de betterave, qui contiennent des alcools propyliques ou amyliques ou des aldéhydes, qui sont de véritables poisons.

D'autre part, la coloration artificielle des vins mouillés est très souvent dangereuse.

Le **plâtrage** pratiqué surtout dans le Midi pour assurer, dit-on, la conservation du vin, a aussi des dangers; les vins plâtrés amènent des troubles gastriques et intestinaux. L'Académie de médecine ne tolère que 2 grammes de plâtre par litre.

Le **sucrage** qui consiste à ajouter du sucre aux vins médiocres afin d'augmenter leur richesse en alcool, est une pratique courante dans les années où le raisin mûrit mal, et tous les ans pour les secondes cuvées. Si le sucrage était fait avec du sucre de canne ou de betterave cristallisé, il ne présenterait aucun danger pour la santé. Mais il est fait le plus souvent avec des glucoses provenant de fécules et dans lesquelles la fermentation développe les produits nuisibles que l'on trouve dans les alcools de l'industrie.

Les **vins artificiels** faits avec de l'eau, de l'alcool, du sucre, un colorant et un arome, qu'ils proviennent de raisins secs ou qu'ils soient faits sans raisins, doivent être rigoureusement proscrits.

(**b**) **La bière**, faite d'orge germée et de houblon et consommée fraîche, est une boisson agréable, rafraîchissante et tonique, en grand usage dans le Nord.

On la falsifie aussi par une addition d'alcool et par la substitution au houblon de substances amères dont la plupart devraient être proscrites comme poisons.

(**c**) **Le cidre et le poiré**, obtenus par la fermentation du jus sucré des pommes ou des poires, constituent la boisson de la Normandie et de la Bretagne. On les falsifie peu dans les pays de production ; mais l'addition d'alcool et d'eau avec une matière colorante en fait une boisson peu agréable et d'une digestion difficile.

(*d*) **Eaux-de-vie et liqueurs.** — On fabrique avec le marc de raisin une eau-de-vie blanche dite de *marc;* avec le vin, le *cognac* et l'*armagnac;* avec les fruits divers, le *kirsch*, le *quetsch;* avec la canne à sucre, le *rhum;* avec l'orge, le *gin*, et avec ces différents alcools étendus, des liqueurs diverses.

Tous ces produits naturels, pris à petites doses, sont inoffensifs. Mais l'usage se répand de les fabriquer avec des alcools industriels auxquels on ajoute une substance donnant le bouquet spécial que l'on désire. Et comme presque tous les alcools industriels, à cause même de leur provenance et de leur mode de fabrication, renferment plus ou moins de produits nuisibles, il en résulte que la plupart des liqueurs sont frelatées, dénaturées, fabriquées artificiellement. On n'en saurait dès lors conseiller l'usage.

34. L'alcoolisme. — L'emploi très modéré des boissons alcooliques et notamment du vin est salutaire à la santé. Mais l'usage répété et immodéré de tous les liquides contenant de l'alcool amène l'ivresse, et les ivresses successives conduisent à l'*alcoolisme*, une grave affection qui entraîne l'excitabilité du caractère, l'affaiblissement des forces physiques et de la volonté, la dégradation de l'intelligence, la violence, même la démence et la vieillesse anticipée.

L'alcoolisme est un véritable péril social, parce qu'il amène non seulement la déchéance organique de l'individu, mais encore la déchéance de la race : les enfants d'alcooliques naissent chétifs ou imbéciles, et ils deviennent trop fréquemment épileptiques, vicieux et même criminels.

Le mal va en croissant avec l'augmentation de la

production des alcools d'industrie et la multiplication exagérée des débits, et tous les philanthropes et les hygiénistes cherchent les meilleurs moyens d'enrayer ce grave danger.

35. Les viandes et leurs parasites. — Parmi les aliments, les viandes en particulier peuvent devenir dangereuses, soit qu'elles renferment des parasites qui, en se développant dans le corps de l'homme, sont la cause de diverses maladies, soit parce qu'elles présentent des altérations pouvant provoquer de véritables empoisonnements.

Ces parasites des viandes sont le *ténia* et la *trichine*, qui appartiennent au règne animal, les *microbes du charbon et de la tuberculose*, qui sont des parasites végétaux.

Les derniers seront particulièrement étudiés au chapitre suivant. Le ténia et la trichine l'ont été dans les leçons d'histoire naturelle.

Le *ténia solium* ou *ver solitaire* passe par les états successifs d'œuf, d'embryon hexacanthe, de cysticerque et de ver rubané atteignant plusieurs mètres. Si un porc avale des œufs de ténia, les embryons que ceux-ci renferment se fixent dans les muscles en forme de vésicules blanchâtres, grosses comme un pois; ce sont les cysticerques; le porc est dit *ladre*, et la ladrerie du porc se reconnaît aux grains durs qui avoisinent la base de la langue ; les *langueyeurs* des marchés ou des abattoirs savent très bien constater la ladrerie des porcs par l'inspection de la muqueuse buccale et du frein de la langue.

La viande de porc ladre donne le ténia à l'homme.

Que le porc soit ladre ou non, il faut que sa chair soit bien cuite, et pendant assez longtemps pour que tous les cysticerques soient tués. La salaison et le fumage ne sont que des moyens imparfaits de préservation.

Le *ténia inerme*, dont les cysticerques forment la

ladrerie de la viande de bœuf, est plus commun que le ténia solium. Il est plus difficile à reconnaître dans son état intermédiaire, et comme on mange souvent du bœuf *saignant*, avec des parties à peine cuites, il n'est pas étonnant qu'il se développe dans le tube intestinal de l'homme. Pour en éviter l'invasion, il faut se résoudre à manger *bien cuite* la viande des bovidés, ou au moins après que la viande a été un temps suffisant soumise à une température de 80 degrés capable de détruire les cysticerques, s'il en existe.

La *trichine* du porc est plus rare ; mais il n'en faut pas moins renoncer à l'usage de la viande de porc crue, quand même elle aurait été bien salée et bien fumée ; il est toujours plus prudent de la manger bien cuite.

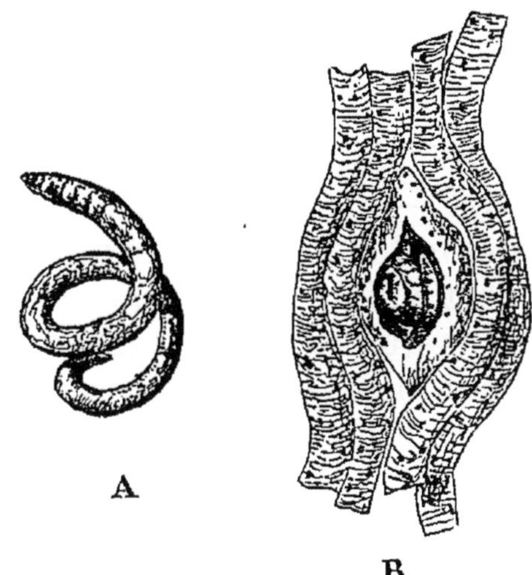

Fig. 24. — Trichine (*Trichina spiralis*). A, trichine libre. — B, trichine enkystée dans un muscle (on a représenté quatre fibres musculaires entourant le kyste ouvert).

36. Aliments en partie putréfiés.

— Lorsque les substances d'origine animale s'altèrent, qu'elles commencent à se décomposer, à subir les débuts de la putréfaction, elles peuvent devenir très dangereuses. Il s'y développe en effet des alcaloïdes particuliers qui ont reçu le nom de *ptomaïnes* et qui sont des poisons d'une très grande violence.

Il faut donc rejeter le gibier faisandé, les viandes en partie gâtées, les œufs altérés, le poisson en partie corrompu ; tous ces aliments sont riches en ptomaïnes, et la cuisson diminue bien la proportion de ces poisons, mais elle ne les fait pas toujours disparaître complètement.

CHAPITRE VI

LES MALADIES CONTAGIEUSES

37. Maladies transmissibles et contagieuses. — Toute maladie qui se propage d'un être atteint à des individus sains est dite *transmissible;* on l'appelle plus particulièrement *contagieuse* quand la transmission a lieu sans qu'il y ait contact immédiat avec le malade : telles sont la *tuberculose* et la *variole*, tel est aussi le *choléra*.

On a longtemps ignoré le mécanisme de la transmissibilité des maladies ou de la contagion ; mais on a toujours été frappé de la soudaineté du développement des maladies contagieuses et du grand nombre de victimes qu'elles ont faites.

On sait aujourd'hui que *ces maladies sont dues au transport et à la communication d'organismes parasitaires*, les uns par contact direct, comme la gale et la teigne, les autres plus petits, connus sous les noms de *microbes* ou de *bactéries*, qui peuvent être transmis par l'air, par l'eau, aussi bien que par une portion de l'organe qui en a d'abord été le siège.

On dit qu'une maladie est *endémique* quand les germes en existent dans une région déterminée et y provoquent, soit d'une manière permanente, soit à des périodes intermittentes et rapprochées, des affections plus ou moins généralisées ; il en est ainsi de la *fièvre jaune* dans l'Inde, de la *fièvre paludéenne* des contrées marécageuses, de la *dysenterie* des pays chauds, de la *fièvre typhoïde* dans beaucoup de grandes villes.

Une maladie endémique dans une région devient *épidémique* dans cette région ou dans une autre où elle n'existe pas d'ordinaire, quand elle y sévit tout à coup avec violence.

Ce sont les travaux de Pasteur, commencés il y a

quarante ans sur les levures et la fermentation alcoolique, continués sur les autres fermentations, sur la vie et le développement des microbes divers, qui nous ont éclairés sur les maladies parasitaires ou microbiennes. L'impulsion donnée aux études microbiologiques a été très grande et très féconde en heureux résultats, et l'hygiène y emprunte les moyens d'atténuer ou de combattre la contagion.

Si les microbes que l'on suppose être la cause de certaines maladies contagieuses sont encore insuffisamment déterminés, il en est, comme celui du *charbon*, dont on connaît le développement, la marche et l'action. Ce dernier va nous servir d'exemple pour montrer ce qu'est une maladie parasitaire à microbe connu et pour indiquer la méthode générale grâce à laquelle on peut la combattre.

38. Le charbon. — Le

charbon, qui s'est d'abord appelé *fièvre charbonneuse*, est une maladie très meurtrière qui attaque de préférence les moutons et les bœufs, parfois l'homme, chez qui on le connaissait sous le nom de *pustule maligne*.

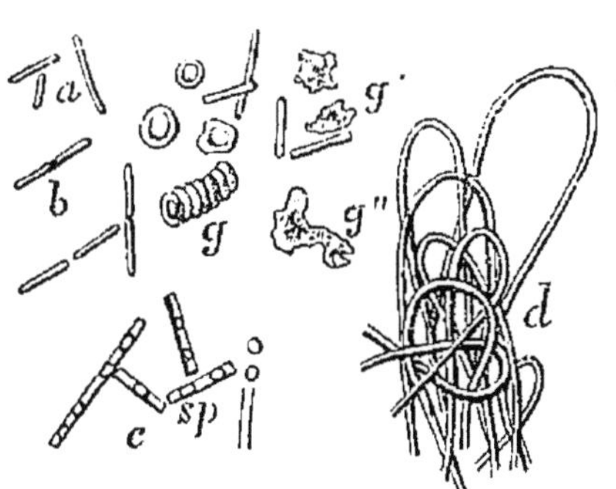

Fig. 25. — *Bactéridie charbonneuse.* — a, b, bâtonnets dans le sang; en b, multiplication par scissiparité; c, formation des spores *sp*; *g, g', g''*, globules du sang altérés de plus en plus; *d*, longs filaments formés par la bactéridie du charbon dans une culture artificielle (bouillon de levure neutralisé par la potasse).

C'est par millions qu'il faut compter les pertes que le charbon cause tous les ans à l'agriculture française.

La maladie est très soudaine dans son apparition et dans sa marche: un animal meurt souvent quelques heures après qu'il a paru malade. A l'autopsie, on trouve la rate gonflée, ramollie, de couleur très foncée; le sang est noir et épais comme une gelée fluide que l'on a comparée à de la poix fondue.

Le charbon est causé par un microbe, la bactéridie

charbonneuse (fig. 25) : tel est le premier résultat auquel on est arrivé par l'examen au microscope du sang d'animaux morts du charbon. C'est Davaine qui, le premier, découvrit les bâtonnets de la bactéridie et réussit à donner le charbon à des animaux sains en leur inoculant une goutte de sang d'un animal charbonneux. Mais c'est Pasteur et Joubert qui ont réussi à séparer les bactéridies du sang, en faisant des cultures successives, et à montrer que l'inoculation de ces bactéridies est toujours la cause initiale de la maladie.

Dans les liquides de culture (bouillon de poule ou de veau, levure de bière ou urine étendue et stérilisée), placés dans des ballons Pasteur, on a constaté que les bactéridies en filaments engendrent des *spores*, sortes de semences qui peuvent se garder beaucoup mieux et beaucoup plus longtemps que les bactéridies elles-mêmes et reproduire dans un milieu convenable des filaments analogues à ceux dont elles proviennent.

Cette remarque explique bien l'*étiologie* du charbon, c'est-à-dire la manière dont la maladie se propage.

Les animaux morts charbonneux, enfouis dans le sol, y introduisent des bactéridies qui peuvent disparaître, mais après avoir produit des spores. Ces spores restent vivantes à l'état latent dans la terre ; elles sont avalées par les vers de terre et ramenées à la surface, où on les retrouve dans les tortillons de terre bien connus, abandonnés par les vers. Elles sont encore vivantes, prêtes à fournir des bactéridies dans un milieu convenable ; si les plantes ou les herbes en renferment, elles pourront communiquer aux animaux sains les germes du charbon, comme le ferait le sang même des animaux charbonneux.

Ainsi le charbon est bien une maladie microbienne due à un bacille particulier ; on la provoque en inoculant ce bacille, soit à l'état de bactéridie empruntée au sang d'un animal charbonneux, soit même à l'état de spores pouvant développer des bactéries quand elles se trouveront dans un milieu favorable à leur développement.

La connaissance de ces faits a conduit aux mesures à prendre pour préserver sûrement les animaux ou les troupeaux du charbon. La première mesure est d'isoler l'animal malade et, après sa mort, de l'enfouir dans un champ clos de murs à fondations profondes et maçonnées de manière à éviter toute communication entre ce lieu infesté de bactéridies et les espaces voisins. Une seconde, c'est de désinfecter avec soin l'endroit où l'animal a vécu, en le lavant avec une substance comme le sulfate de cuivre, qui tue les bactéridies.

Une mesure préventive, c'est la *vaccination* des animaux contre le charbon. En voici le principe : on avait remarqué que quelques rares animaux qui avaient été atteints du charbon et qui en avaient guéri avaient acquis pour un certain temps l'immunité contre la maladie et pouvaient vivre impunément au milieu d'un troupeau malade. M. Pasteur pensa que, s'il était possible d'inoculer des bactéridies dont l'action, ou, comme on dit, la virulence, fût atténuée, diminuée, on aurait chance de déterminer chez les animaux une maladie peu intense, mais capable de les préserver d'une atteinte des bactéridies les plus actives.

Il fallait donc obtenir des cultures de bactéridies atténuées ; on les obtint en maintenant le bouillon de culture à 42°. Après deux jours de culture, la bactéridie tue encore le mouton ; au bout de huit jours, elle le rend malade sans le tuer ; au bout de vingt jours, elle ne tue même plus le lapin.

On peut donc obtenir une série de cultures représentant des bactéries plus ou moins atténuées.

Supposons que l'on vaccine un mouton avec des bactéries très atténuées, puis, une dizaine de jours après, avec des bactéries plus virulentes ; la première inoculation l'a rendu capable de supporter la seconde sans autre accident qu'une fièvre de courte durée, et la seconde inoculation lui donne l'immunité contre les bactéries les plus virulentes et le protège contre la contagion du charbon.

Cette vaccination contre le charbon est une des plus belles conquêtes scientifiques de notre temps; elle est pratiquée par tous les grands éleveurs avec un succès complet.

39. La fièvre typhoïde. — La fièvre typhoïde est la plus fréquente des fièvres de nos pays; elle frappe en France, annuellement, plus de cent mille sujets, dont quinze à seize mille succombent. Elle s'attaque surtout à la partie adolescente de la population et de préférence aux individus surmenés et affaiblis par des travaux excessifs. Et quand le malade guérit, sa convalescence est lente et longue; il reste longtemps exposé par sa débilité aux autres maladies contagieuses.

La fièvre typhoïde paraît due uniquement au développement dans l'intestin des malades d'un microbe spécial qui porte le nom de *bacille d'Eberth*. Ce microbe existe dans les matières fécales des individus atteints, et c'est par l'intermédiaire de ces matières que la transmission s'en fait aux individus sains.

C'est ordinairement par l'eau de boisson contaminée par des infiltrations de fosses d'aisances que le bacille typhique se transmet. C'est donc une maladie contagieuse due à un microbe déterminé et connu.

Les mesures à prendre sont de faire uniquement usage d'eau bouillie en temps d'épidémie, ou au moins d'eau de source ou d'eau filtrée quand on s'est assuré qu'elles ne sont pas contaminées. En second lieu, il faut désinfecter les déjections des malades avec une solution de chlorure de zinc à 5 pour 100 ou une solution de sublimé au millième.

L'emploi d'eau pure pour l'alimentation dans les grandes villes a fait notablement diminuer le nombre des victimes de la fièvre typhoïde.

40. La diphtérie. — La diphtérie est aussi une affection microbienne redoutable; elle siège dans la gorge sous le nom d'*angine couenneuse*, dans le larynx sous le nom de *croup*, dans les bronches sous le nom de *bronchite diphtéritique*.

Elle se manifeste sous la forme de fausses membranes blanchâtres qui se développent sur la muqueuse respiratoire et qui tendent à obstruer la trachée-artère et à amener l'asphyxie. Le nombre des victimes est grand surtout chez les enfants et les jeunes gens.

La diphtérie a pour cause la multiplication d'un *bacille* spécial, dit de Klebs, qui est dangereux par son développement, mais qui l'est en outre par un poison qu'il sécrète et qui paralyse les muscles respiratoires.

A l'origine de la maladie, il est possible de provoquer l'expulsion des fausses membranes qui renferment le bacille ; mais si l'intoxication par la sécrétion ou le poison de ce bacille s'est déjà produite, il n'y a plus de remède.

Le danger de contagion est grand ; il faut éviter à tout prix que des fragments de fausses membranes rejetées par les malades dans la toux et les crachements ne puissent atteindre les individus sains, et tous les soins d'extrême propreté, des lavages fréquents aux liquides antiseptiques, sont absolument de rigueur.

41. La tuberculose. — La tuberculose est de toutes les maladies contagieuses la plus meurtrière, elle cause à elle seule plus de décès que toutes les autres maladies transmissibles ; elle frappe dans tous les pays et dans tous les milieux.

Elle a son siège habituel dans les organes respiratoires ; de là le nom de *phtisie pulmonaire* qu'on lui donne et celui de *poitrinaires* sous lequel on désigne les personnes qui en sont atteintes.

La tuberculose est une maladie infectieuse causée par un microbe, le bacille de Koch, qui se développe par inoculation et détermine des tubercules dans les poumons.

Le microbe est rejeté avec les crachats du malade, et une précaution qui s'impose, c'est d'obliger les poitrinaires à cracher dans un linge ou dans un crachoir qui seront désinfectés par les antiseptiques ordinaires ou par un séjour suffisant dans l'eau bouillante. Les crachats desséchés sont un danger parce que les bacilles qu'ils renferment peuvent contaminer l'air.

La tuberculose est une maladie *évitable*, puisqu'elle est due à l'invasion d'un microbe. Mais elle peut se propager par la chair des animaux tuberculeux et par le lait des vaches phtisiques ; aussi l'Académie de médecine a-t-elle *rigoureusement* conseillé de n'employer le lait que bouilli, pour éviter qu'il ne devienne un agent de transmission de la terrible maladie.

42. Le choléra. — Le choléra asiatique est une épidémie terrifiante par le nombre de ses victimes et par la rapidité de sa propagation qui a sévi en Europe à des périodes isolées.

Il est éminemment contagieux ; des recherches récentes ont montré qu'il est dû à la présence dans l'organisme d'un microbe appelé le *bacille-virgule* à cause de sa forme courbe et crochue. Ce bacille vit et se multiplie dans l'intestin ; il semble être la cause d'une diarrhée débilitante ; on pense qu'il sécrète une ptomaïne qui empoisonne très rapidement le sang et amène la mort.

On ne connaît pas bien encore tous les modes de propagation du bacille du choléra ; on sait qu'il conserve toute sa virulence quand il est emprisonné dans les paquets, les marchandises, la cale des navires venant de l'Inde où il existe souvent. Mais on est arrivé à en arrêter le développement par une quarantaine rigoureuse des navires suspects, par des désinfections de tout ce qui a pu toucher aux cholériques et par l'emploi exclusif de l'eau bouillie pour l'alimentation en temps d'épidémie.

43. Maladies éruptives. — On désigne sous le nom de *fièvres éruptives* des maladies contagieuses qui se manifestent par des éruptions diverses à la surface de la peau et des muqueuses. Elles ont, quant à leurs effets, de grandes analogies avec les maladies parasitaires précédentes, et on les considère comme des maladies microbiennes, bien que leurs microbes générateurs soient encore inconnus. Les principales sont la *rougeole*, la *scarlatine* et la *variole*.

La **rougeole** est une maladie de l'enfance ; elle est souvent bénigne, mais elle peut être grave, et elle demande à être bien soignée. Elle débute par un larmoiement, une toux sèche et sonore, et elle continue par de petites taches rouges, de petits boutons peu saillants qui se développent en quatre ou cinq jours et se dessèchent ensuite.

Les plaques qui résultent de cette éruption contribuent à la propagation de la maladie, très contagieuse pour tous les enfants qui cohabitent avec celui qui est atteint.

La **fièvre scarlatine** est plus grave que la rougeole et tout aussi contagieuse. Il convient d'isoler le malade, de le surveiller pendant sa longue convalescence et de ne le laisser sortir qu'après guérison complète.

La **variole** ou *petite vérole* est une fièvre éruptive très contagieuse et très grave dans laquelle le corps se couvre de pustules suppurantes qui laissent, à la guérison, une tache indélébile. Elle a toujours inspiré une grande terreur et elle a fait de très nombreuses victimes, plus de 20 000 morts par an en France, jusqu'au jour où l'on a eu à lui opposer la préservation presque certaine que donne la *vaccination*.

44. Vaccination et revaccination. — La vaccination a été préconisée et pratiquée d'abord par un médecin anglais, Jenner, qui avait remarqué que les vachers étaient réfractaires à la variole quand ils s'étaient

inoculé le pus des éruptions qui naissent sur les mamelles des vaches.

Après ses premières expériences, il montra que les
boutons des individus vaccinés donnent un vaccin qui
peut servir à de nouvelles vaccinations. Il publia sa
découverte en 1798. La vaccine fut introduite en
France par le duc de La Rochefoucauld-Liancourt.

Actuellement, l'univers entier bénéficie des bienfaits
de la mémorable découverte de Jenner : la variole, qui
faisait jadis un si grand nombre de victimes, tend de
plus en plus à disparaître.

Une première vaccination n'assure pas l'immunité
contre la variole pour toujours, mais seulement pour
un temps limité, une dizaine d'années environ.

*Il faut donc renouveler la vaccination à peu près tous
les dix ans*, jusqu'à l'âge de quarante ans, si l'on veut
que la mesure préservatrice ait tout son effet, et l'on
ne saurait trop répéter que *la revaccination devrait être
obligatoire, comme la vaccination l'est pour les écoles et
pour l'armée.*

Les chiffres de la mortalité par la variole sont fort
éloquents sous ce rapport. A Paris, on perd encore par
an 20 individus par 100 000, et dans l'armée française
15, tandis qu'à Berlin, où la vaccination est obligatoire,
on ne perd plus en moyenne que 1 individu par 100 000,
et dans l'armée allemande *la mortalité par variole est
inconnue* depuis l'obligation de la revaccination.

Que tardons-nous à suivre cet exemple ?

**45. Maladies transmissibles non micro-
biennes.** — Les maladies transmissibles non microbiennes que nous avons à examiner sont la *gale*, la
teigne et la *rage*.

La **gale** est une maladie de la peau ; elle est due à la
présence d'un petit animal microscopique du groupe
des arachnides dont les larves se logent dans les plis
des articulations. L'homme la prend aux animaux qui
vivent près de lui. Elle est très contagieuse, car il

suffit de toucher la main d'un galeux pour prendre quelques larves.

La gale n'est pas dangereuse ; les soins de propreté et les bains sulfureux en assurent la guérison.

La teigne est une maladie du cuir chevelu de la tête; elle est due au développement de parasites végétaux qui s'attaquent aux cheveux et qui les font tomber par places. Elle affecte trois formes principales, dont la *pelade*, dans laquelle les cheveux tombent avec leur racine à la moindre traction, est la plus commune.

Les mesures à prendre pour en guérir les enfants des écoles qui en seraient atteints sont simples et faciles ; elles consistent dans des soins de propreté dont on ne doit jamais se départir : une bonne précaution est de tenir les cheveux courts.

La rage est une maladie qui ne naît pas spontanément chez l'homme ; elle existe chez le chien, le chat et quelques autres mammifères et l'homme la contracte par les lèchements ou la morsure du chien ou des animaux qui en sont atteints.

Chez le chien, la maladie présente trois phases successives ; dans la première, l'animal est triste, inquiet, agité ; il est plus affectueux peut-être que de coutume, avec le regard sombre et un peu farouche. Ses caresses sont dangereuses autant que ses morsures le seront plus tard, car sa bave contient déjà le virus rabique. Le besoin de mordre, la gueule béante caractérisent la seconde phase où l'animal devient quelquefois furieux. La troisième est courte, c'est la paralysie et la mort.

La morsure d'un chien enragé peut amener chez l'homme des accidents terribles. Heureusement qu'on peut aujourd'hui les prévenir par la *vaccination antirabique*, qui est une des plus belles découvertes de Pasteur.

C'est par l'inoculation du virus rabique plus ou moins atténué par des cultures que Pasteur est arrivé à combattre les désastreux effets de la rage chez l'homme. Mais il faut se souvenir que la vaccination est plutôt préventive que curative et que les personnes mordues doivent se faire inoculer aussitôt que possible après la morsure, sans attendre qu'un accès se soit déclaré.

46. Voies de transmission des maladies. — La contagion des maladies microbiennes est due au passage du microbe qui les détermine ou de ses germes de l'individu malade à l'individu sain. Si les microbes des maladies transmissibles ou leurs germes se trouvent dans l'atmosphère, il n'y a rien d'étonnant qu'ils puissent entrer dans les voies respiratoires et arriver ainsi dans un milieu favorable à leur développement.

L'histoire du charbon nous a montré deux autres modes de transmission : nous avons vu qu'on peut inoculer la bactéridie charbonneuse en un point de la peau qui offre accidentellement ou non une solution de continuité ; les germes du charbon trouvent ainsi une voie naturelle pour se mêler au sang. En second lieu, c'est par les voies digestives que se fait le plus souvent la contagion ; les animaux broutent l'herbe ou les fourrages souillés par les spores de la bactéridie charbonneuse qui se trouve ainsi introduite dans leurs corps et y produit ses ravages.

On peut donc dire que les microbes ou leurs germes s'introduisent dans le corps de l'homme ou des animaux :

1° Par *l'air* et les *voies respiratoires* ;

2° Par les *voies digestives*, les *aliments*, *l'eau de boisson* ;

3° Par une *solution de continuité* de la surface du corps ou des muqueuses internes.

47. Moyens de préservation. — Les moyens de défense dont on dispose contre les maladies contagieuses sont la *désinfection* ou la destruction des microbes, l'*isolement* des malades et les soins de *propreté corporelle* des individus.

La **desinfection** peut être produite par la *chaleur*, par des *fumigations gazeuses* et par des *liquides antiseptiques*.

L'action de la chaleur est toute-puissante sur les microbes : tous sont tués par un séjour de quelque durée à une température un peu supérieure à 100 degrés. Et si leurs spores à l'état sec sont plus résistantes que les germes humides, on en a raison en les portant à une température de 200 degrés.

On dit que l'on *stérilise* les objets ou les liquides en les faisant ainsi chauffer. Les liquides sont bouillis un quart d'heure au moins et les solides sont portés dans une *étuve* où de la vapeur sous pression maintient environ pendant dix minutes une température de 110 à 115 degrés.

Les *fumigations gazeuses* ne sont pas aussi employées que l'étuve ; cependant le gaz anhydride sulfureux produit par le soufre brûlé est d'un maniement commode et peu coûteux. On compte qu'il faut brûler 30 grammes de soufre par mètre cube d'espace à désinfecter ; la désinfection est effectuée en quelques heures; mais pour plus de sûreté on n'ouvre pour aérer qu'au bout de vingt-quatre heures.

Les *liquides antiseptiques* sont nombreux ; on recommande le bichlorure de mercure ou sublimé corrosif à 1 millième, le sulfate de cuivre ou le chlorure de zinc en solution à 5 pour 100, le lait de chaux dans les cas de fièvre typhoïde.

48. Isolement. — L'isolement des malades atteints de maladies transmissibles est une excellente mesure toutes les fois qu'elle est pratiquement possible. Il faut entendre par là le maintien des malades dans la même pièce pendant la durée de la maladie et l'accès auprès d'eux des seules personnes qui leur donnent des soins.

49. Propreté du corps. — La malpropreté, sous quelque forme qu'elle se produise, que ce soit celle de la ville, du village ou de la maison, ou que ce soit la malpropreté corporelle, est l'un des éléments les plus favorables au développement des maladies contagieuses.

On ne peut pas changer d'un jour à l'autre les localités et les habitations ; mais on peut obtenir de l'individu la propreté corporelle, puisqu'il suffit d'eau pour la réaliser.

C'est dans l'enfance et l'adolescence qu'il faut prendre l'habitude des ablutions journalières, d'une toilette à l'eau et au savon du visage, du cou et des mains, des soins de la tête à l'éponge, au peigne et à la brosse, du lavage de la bouche et des dents.

Ce n'est pas trop demander qu'un bain tiède une fois par semaine pour les pieds, qui se salissent vite, et un bain général d'une demi-heure à 30 ou 32 degrés, au moins une fois par mois l'hiver et beaucoup plus fréquemment l'été.

La peau a des fonctions multiples fort importantes, entre autres la transpiration, qui se modifient en amenant divers accidents quand la surface n'est pas souvent débarrassée de l'enduit qui s'y forme. La matière grasse des glandes, les poussières atmosphériques, la sueur forment une couche de crasse où les plaies guérissent mal.

Se souvenir toujours de ce principe, c'est que *l'eau est aussi nécessaire à la peau que l'air l'est aux poumons*.

Les ablutions fréquentes et les bains sont les uns et les autres indispensables. C'est le matin, au sortir du lit, qu'il convient de procéder aux **ablutions** ; avec une grosse éponge ou une serviette bien trempée, on se lave le visage, le cou, les épaules, les bras et les mains ; l'eau savonneuse suffit à débarrasser la peau de l'enduit graisseux qui s'y est fait, l'eau froide vaut mieux que l'eau tiède.

Les **bains** sont nécessaires de temps en temps pour nettoyer toute la surface cutanée, détacher et enlever tous les débris d'épiderme qui s'y trouvent. Le *bain* *tiède* dans l'eau à 30 ou 35° est le plus utile et le plus salutaire. Le *bain froid* nettoie moins bien et ne convient pas à tous les sujets; les personnes nerveuses, irritables sont trop vivement impressionnées par l'immersion dans l'eau froide, les sujets lymphatiques et mous y trouvent une salutaire excitation.

L'hygiène veut qu'on n'entre pas au bain, surtout au bain froid, pendant la période de digestion; ce n'est donc qu'environ quatre heures après le repas que l'on peut se baigner. Il est très dangereux d'entrer dans l'eau le corps couvert de sueur, dangereux aussi de rester à l'air le corps mouillé, à cause du refroidissement qu'amène l'évaporation de l'eau dont le corps est couvert.

CHAPITRE VII

SALUBRITÉ DE LA MAISON

50. Habitation. — Un appartement, ou une maison, ne se trouve dans les conditions essentielles de salubrité que s'il est en même temps aéré, bien éclairé et parfaitement sec.

A la campagne, dans nos pays tempérés, la meilleure exposition est celle du midi; les habitations que le soleil ne visite pas sont presque toujours froides, humides et malsaines.

A la ville, il faut rechercher l'exposition sur un boulevard planté d'arbres, sur une large rue, au-dessus de l'entresol. Le choix d'un logement confortable et hygiénique est beaucoup plus facile aux gens aisés qu'aux ouvriers; ceux-ci n'ont souvent avec leurs modestes ressources qu'un logement trop bas de plafond et trop exigu, où l'encombrement favorise l'éclosion d'un grand nombre de maladies inhérentes à l'accumulation des miasmes humains, comme la variole, la rougeole, la diphtérie qui font chaque année beaucoup de victimes dans les grandes villes. Cependant la plupart des maisons nouvellement construites présentent sur les anciennes, malgré l'étroitesse de leurs appartements, une incontestable supériorité au point de vue de l'hygiène, et il est à désirer que ce progrès s'accentue encore.

Les principales causes d'insalubrité des habitations et les moyens pratiques d'y remédier sont résumés dans les instructions suivantes, publiées par le *Comité d'hygiène publique :*

51. Causes de l'insalubrité des appartements. — « L'air des habitations est principalement vicié par les causes suivantes : le séjour de l'homme et des animaux, la combustion des différentes matières employées au chauffage et à l'éclairage, les fuites de gaz, la stagnation et la décomposition des urines, des eaux ménagères, des immondices de toutes sortes, etc.

« Les effets produits par l'altération de l'air des habitations sont toujours graves. Le défaut d'aération et de propreté est une des principales causes des épidémies qui peuvent se développer dans une grande agglomération d'hommes. »

52. Prescriptions générales du Comité d'hygiène publique. — La salubrité des appartements ne peut être obtenue que de la manière suivante :

« Il est important que le nombre des lits placés dans les chambres à coucher soit proportionné à la dimension de ces chambres, de telle sorte qu'il y ait au moins 14 mètres cubes d'air par personne, indépendamment des moyens de ventilation.

« Ne pas coucher en grand nombre dans la même chambre, surtout dans la pièce servant de cuisine.

« Renouveler l'air des appartements en ouvrant de préférence les fenêtres exposées au soleil, et, s'il y a lieu, se couvrir de vêtements chauds, afin de pouvoir aérer plus largement sans avoir à craindre l'action du froid.

« L'ouverture des fenêtres après le lever, les lits étant découverts, et pendant le balayage, est une mesure nécessaire de salubrité.

« Ne jamais brûler de charbon dans un réchaud à l'intérieur des appartements, ni dans les corridors, à moins qu'on ne le place dans l'âtre de la cheminée ou sous la hotte d'un fourneau, par où puissent s'échapper la fumée et les gaz provenant de la combustion.

« Entretenir soigneusement la propreté du corps par des lavages et des bains. Changer suffisamment de linge et nettoyer, autant que possible, les autres vêtements. Éviter l'accumulation du linge sale, en lavant ou donnant à laver au fur et à mesure.

« Ne point garder des viandes qui commencent à se corrompre ; laisser au dehors, à l'air libre, les provisions et particulièrement les fromages qui exhalent une mauvaise odeur.

« Il faut balayer fréquemment, non seulement les pièces habitées, mais encore les escaliers, corridors, cours et passages, en ayant soin de gratter les dépôts de terre et immondices qui résistent à l'action du balai.

« Les parties carrelées, dallées ou pavées doivent être, en outre, lavées le plus souvent possible, et surtout bien essuyées après le lavage. Il est bon d'ajouter à l'eau des désinfectants. Le lavage, lorsqu'il entraîne à sa suite un état permanent d'humidité, est plus nuisible qu'avantageux.

« Nettoyer fréquemment, avec le plus grand soin, les sièges et cuvettes des lieux d'aisances, les plombs destinés aux eaux ménagères, les rigoles, ruisseaux et gargouilles.

« Enfermer les ordures, débris d'aliments, résidus de cuisine dans des seaux ou autres vases clos, pour les jeter chaque jour dans les tombereaux qui doivent les emporter.

« Il est très important de ne pas laisser accumuler les eaux ménagères dans l'intérieur des habitations. Il faut bien se garder de refouler à travers les ouvertures de la grille qui se trouve au fond des cuvettes destinées à l'évacuation de ces eaux les fragments solides, dont l'accumulation ne tarderait pas à produire l'engorgement des tuyaux. Lorsque les eaux exhalent une mauvaise odeur, on doit les désinfecter.

« Une des pratiques les plus fâcheuses dans les usages domestiques, c'est celle de vider les urines dans les plombs d'écoulement des eaux ménagères. »

53. Éloignement des résidus de la vie. — Les prescriptions des quatre derniers paragraphes se rapportent à *l'éloignement des résidus de la vie*. Les déchets sont constitués par les eaux ménagères de toilette, de lavages, de vaisselle, par les débris de cuisine et par les déjections humaines. Ce sont des matières organiques toutes prêtes à fermenter, à se putréfier, à donner des gaz nuisibles et des produits toxiques; il importe de les éloigner rapidement et de les mettre hors d'état de nuire : *l'évacuation la plus rapide et la plus complète* de toutes ces matières usées par la vie journalière est l'une des plus importantes conditions de la salubrité de la maison.

Il est d'usage, dans les villages, de jeter devant la maison les eaux ménagères et de répandre sur le fumier les débris et les déjections. C'est une pratique défectueuse et qui peut même présenter des dangers, car on a vu plus d'une fois des puits contaminés par les infiltrations de ces matières au travers du sol, et l'usage de l'eau de ces puits provoquer une épidémie de *fièvre typhoïde*. L'hygiène réprouve complètement ces vieilles habitudes.

Le problème de l'évacuation rapide des résidus prend d'autant plus d'importance que la population est plus agglomérée; c'est dans les grandes villes qu'il s'impose le plus impérieusement et qu'il a reçu la solution la plus complète pour les eaux ménagères et pour les fosses d'aisances.

54. Les résidus du ménage. — Dans les villes, les ordures provenant du ménage sont rassemblées et vidées le soir dans un récipient placé dans la cour ou le jardin. Le matin, on place la caisse étanche, ordinairement en tôle galvanisée, sur le bord de la voie publique ; des tombereaux en emportent le contenu hors de la ville.

Les eaux ménagères sont versées dans un *évier* et vont par un conduit soit à un réservoir éloigné, soit à l'égout.

L'ancien évier (fig. 26), dont le tube de décharge communiquait directement avec le tuyau de descente, était insalubre. Il établissait en effet une communication directe de la maison avec l'égout et ramenait dans l'habitation des gaz pestilentiels.

Fig. 26. — *Évier insalubre.* Le tuyau d'écoulement de l'évier se rend directement au tuyau de descente. L'air malsain de l'égout peut donc facilement pénétrer dans la pièce où se trouve l'évier.

Aujourd'hui, on monte les éviers autrement : *l'évier salubre* n'établit pas de communication entre l'atmosphère nuisible de l'égout et l'air de l'appartement ; grâce au siphon hydraulique, il reste toujours une couche d'eau qui sert d'obturateur. La figure 27 montre trois modèles de siphons employés ; et le plus souvent un tube à air met l'une des branches du siphon en rapport avec l'atmosphère extérieure.

Tous les tuyaux de chute doivent être munis de cet appareil.

55. Les fosses d'aisances. — En tout temps,

4.

les déjections humaines sont, parmi les matières à éli-
miner, les plus dangereuses par la rapidité de leur
fermentation et par les gaz qu'elles exhalent ; et dans

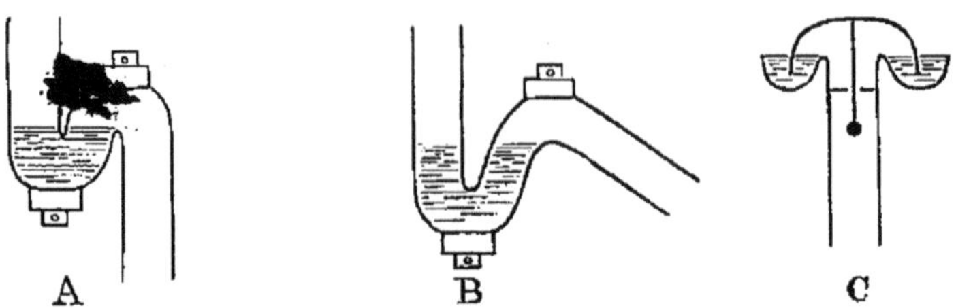

FIG. 27. — A, B, siphons d'écoulement. C, obturateur à cloche,
bonde siphoïde.

les temps d'épidémie, elles sont particulièrement redou-
tables, parce qu'elles contiennent les microbes contagieux ; il en est ainsi notamment avec la fièvre typhoïde
et avec le choléra.

Les cabinets d'aisances insalubres sont ceux qui laissent s'exhaler les gaz infects et malsains provenant de
la fosse où s'accumulent les matières ; tels sont les
cabinets avec trou dans la dalle dits *à la turque*, et
aussi les cabinets à cuvette avec soupape obturant
incomplètement ou mal.

La *fosse* réceptrice est dite *à fond perdu* quand elle
est sur un terrain perméable qui absorbe les liquides
et laisse les solides presque secs ; elle est absolument
condamnée par l'hygiène comme une cause de contamination des eaux qui peuvent passer dans son voisinage
immédiat.

La *fosse étanche* avec des parois et un fond maçonné,
cimenté, imperméable, n'a pas les dangers de la précédente, mais il lui faut un long tuyau, montant jusqu'au-
dessus des habitations pour assurer son aérage et
éloigner les gaz putrides qui s'en échappent.

Dans l'un comme dans l'autre cas, les tuyaux qui
vont des cabinets à la fosse doivent être munis de
siphons obturateurs comme ceux qui écoulent les eaux
ménagères. Il y faut des lavages à l'eau très fréquents,
et de temps à autre avec des solutions aux sels de fer, de

cuivre ou de zinc, qui sont les désinfectants les meilleurs et les moins coûteux.

Dans un certain nombre de villes, on applique peu à peu le système du *tout à l'égout*. C'est, pour les grandes agglomérations, le mode le meilleur d'évacuation des résidus.

CHAPITRE VIII

NOTIONS DE POLICE SANITAIRE DES ANIMAUX

56. Maladies transmissibles à l'homme. — Les principales maladies des animaux qui peuvent être transmises à l'homme sont le *charbon*, la *tuberculose*, la *rage*, dont nous avons parlé au chapitre VI, et la *morve* et le *farcin*, dont nous allons dire quelques mots.

La **morve** et le **farcin** sont deux affections qui ont beaucoup de caractères communs et qui atteignent surtout les animaux de l'espèce chevaline. Elles résident dans l'inflammation et l'ulcération de la membrane pituitaire des animaux atteints ; elles sont contagieuses et incurables.

Elles peuvent être inoculées à l'homme par une solution de continuité ou une blessure de la peau, et elles menacent particulièrement les palefreniers.

57. Prescriptions de police sanitaire. — On a prescrit par des lois un certain nombre de mesures pour éviter la propagation des maladies contagieuses que les animaux pourraient transmettre à l'homme. L'ensemble porte le nom de *police sanitaire* des animaux.

C'est d'abord la *déclaration obligatoire* de la maladie contagieuse par le propriétaire ou la personne ayant la charge ou la garde de l'animal atteint ; c'est ensuite l'*abatage*, immédiat dans certains cas, de l'animal malade, l'isolement et la séquestration de ceux qui ont été en contact avec lui jusqu'à ce qu'on les ait reconnus indemnes ; c'est enfin l'*enfouissement* de l'animal abattu ou mort.

Loi du 21 Juillet 1891

SUR LA POLICE SANITAIRE DES ANIMAUX

Maladies contagieuses des animaux et mesures sanitaires qui leur sont applicables.

« ARTICLE PREMIER. — Les maladies des animaux qui sont réputées contagieuses et qui donnent lieu à l'application de la présente loi sont :

« La *peste bovine* dans toutes les espèces de ruminants ;

« La *péripneumonie contagieuse* dans l'espèce bovine ;

« La *clavelée* et la *gale* dans les espèces ovine et caprine ;

« La *fièvre aphteuse* dans les espèces bovine, ovine, caprine et porcine ;

« La *morve*, le *farcin*, la *dourine* dans les espèces chevaline et asine ;

« La *rage* et le *charbon* dans toutes les espèces ;

« (Le décret du 28 juillet 1888 a ajouté à la nomenclature des maladies des animaux qui sont réputées contagieuses et qui donnent lieu à l'application de la loi du 21 juillet 1881 : le *charbon symptomatique* ou *emphysémateux* et la *tuberculose* dans l'espèce bovine ; le *rouget* et la *pneumo-entérite infectieuse* dans l'espèce porcine.)

« ART. 2. — Un décret du Président de la République, rendu sur le rapport du Ministre de l'Agriculture et du Commerce, après avis du Comité consultatif des épizooties, pourra ajouter à la nomenclature ci-dessus toutes autres maladies contagieuses, dénommées ou non, qui prendraient un caractère dangereux.

« Les dispositions de la présente loi pourront être étendues, par un décret rendu dans la même forme, aux animaux d'espèces autres que celles ci-dessus désignées.

« ART. 3. — Tout propriétaire, toute personne ayant, à quelque titre que ce soit, la charge des soins ou la garde *d'un animal atteint* ou *soupçonné d'être atteint d'une maladie contagieuse,* dans les cas prévus par les articles 1er et 2, est tenu d'en faire sur-le-champ la déclaration au *maire de la commune* où se trouve cet animal.

« Sont également tenus de faire cette déclaration tous les *vétérinaires* appelés à le soigner.

« L'animal atteint ou soupçonné d'être atteint de l'une des maladies spécifiées dans l'article 1er devra être immédiatement, et avant même que l'autorité administrative ait répondu à l'avertissement, *séquestré, séparé* et *maintenu isolé* autant que possible des autres animaux susceptibles de contracter cette maladie.

« Il est interdit de le *transporter* avant que le vétérinaire délégué par l'administration l'ait examiné. La même interdiction est applicable à l'*enfouissement*, à moins que le maire, en cas d'urgence, n'en ait donné l'autorisation spéciale.

« Art. 4. — Le maire devra, dès qu'il aura été prévenu, *s'assurer* de l'accomplissement des prescriptions contenues dans l'article précédent et y *pourvoir d'office*, s'il y a lieu.

« Aussitôt que la déclaration prescrite par le paragraphe 1er de l'article précédent a été faite, ou, à défaut de la déclaration, dès qu'il a connaissance de la maladie, le maire fait procéder sans retard à la *visite de l'animal malade ou suspect par le vétérinaire* chargé de ce service.

« Ce vétérinaire constate et, au besoin, prescrit la complète exécution des dispositions du troisième alinéa de l'article 3 et les mesures de désinfection immédiatement nécessaires.

« Dans le plus bref délai, il adresse son rapport au *préfet*.

« Art. 5. — Après la constatation de la maladie, le préfet *statue* sur les mesures à exécuter dans le cas particulier.

« Il prend, s'il est nécessaire, un *arrêté portant déclaration d'infection*.

« Cette déclaration peut entraîner, dans les localités qu'elle détermine, l'application des mesures suivantes :

1° L'*isolement*, la *séquestration*, la *visite*, le *recensement* et la *marque* des animaux et troupeaux dans les localités infectées ;

« 2° L'*interdiction* de ces localités ;

« 3° L'interdiction momentanée ou la réglementation des *foires et marchés;* des *transports* et de la *circulation du bétail;*

« 4° La *désinfection des écuries, étables, voitures* ou *autres moyens de transport*, la désinfection ou même la destruction des objets à l'usage des animaux malades ou qui ont été souillés par eux, et généralement des objets quelconques pouvant servir de *véhicules* à la contagion.

« Un règlement d'administration publique déterminera celles de ces mesures qui seront applicables suivant la nature des maladies.

« Art. 6. — Lorsqu'un arrêté du préfet a constaté l'existence de la *peste bovine* dans une commune, les animaux qui en sont atteints et ceux de l'espèce bovine qui auraient été contaminés, alors même qu'ils ne présenteraient aucun signe apparent de la maladie, sont abattus par ordre du maire, conformément à la proposition du vétérinaire délégué et après évaluation.

« Il est interdit de suspendre l'exécution desdites mesures pour traiter les animaux malades, sauf les cas et sous les conditions qui seraient spécialement déterminées par le Ministre de l'Agriculture et du Commerce, sur l'avis du Comité consultatif des épizooties.

« ART. 7. — Dans le cas prévu par l'article précédent, les *animaux malades sont abattus sur place*, sauf le cas où le transport du cadavre serait déclaré par le vétérinaire plus dangereux que celui de l'animal vivant ; le transport en vue de l'abatage peut être autorisé par le maire, conformément à l'avis du vétérinaire délégué, pour ceux qui ont été seulement contaminés.

« Les animaux des espèces ovine et caprine qui ont été exposés à la contagion sont *isolés* et soumis aux mesures sanitaires déterminées par le règlement d'administration publique rendu pour l'exécution de la loi.

« ART. 8. — Dans le cas de *morve constatée*, et dans le cas de *farcin*, de *charbon*, si la maladie est jugée incurable par le vétérinaire délégué, *les animaux doivent être abattus sur ordre du maire*.

« Quand il y a *contestation* sur la nature ou le caractère incurable de la maladie entre le vétérinaire délégué et le vétérinaire que le propriétaire aurait fait appeler, le préfet désigne un troisième vétérinaire, conformément au rapport duquel il est statué.

« ART. 9. — Dans le cas de *péripneumonie contagieuse*, le préfet devra ordonner l'*abatage*, dans le délai de 2 jours, des animaux reconnus atteints de cette maladie par le vétérinaire délégué et l'inoculation des animaux de l'espèce bovine, dans les localités reconnues infectées de cette maladie.

« Le Ministre de l'Agriculture aura le droit d'ordonner l'*abatage* des animaux d'espèce bovine ayant été dans la même étable ou dans le même troupeau ou en contact avec des animaux atteints de péripneumonie contagieuse.

« ART. 10. — La *rage*, lorsqu'elle est constatée chez des animaux, de quelque espèce qu'ils soient, entraîne l'*abatage*, qui ne peut être différé sous aucun prétexte.

« Les chiens et les chats suspects de rage doivent être immédiatement abattus. Le propriétaire de l'animal suspect est tenu, même en l'absence d'un ordre des agents de l'administration, de pourvoir à l'accomplissement de cette prescription.

« ART. 11. — Dans les épizooties de *clavelée*, le préfet peut, par arrêté pris sur l'avis du Comité consultatif des épizooties, ordonner la *clavelisation* des troupeaux infectés.

« La clavelisation ne devra pas être exécutée sans l'autorisation du préfet.

« Art. 13. — La *vente* ou la *mise en vente* des animaux atteints ou soupçonnés d'être atteints de maladies contagieuses est interdite.

« Le propriétaire ne peut s'en dessaisir que dans les conditions déterminées par le règlement d'administration publique prévu à l'article 5.

« Ce règlement fixera pour chaque espèce d'animaux ou de maladie le temps pendant lequel l'interdiction de vente s'appliquera aux animaux qui ont été exposés à la contagion.

. . . .

« Art. 14. — La *chair des animaux morts de maladies contagieuses*, quelles qu'elles soient, ou abattus comme atteints de la peste bovine, de la morve, du farcin, du charbon et de la rage, ne peut être livrée à la consommation.

« Les cadavres ou débris des animaux morts de la peste bovine et du charbon, ou ayant été abattus comme atteints de ces maladies devront être *enfouis avec la peau tailladée*, à moins qu'ils ne soient envoyés à un *atelier d'équarrissage* régulièrement autorisé.

« Les conditions dans lesquelles devront être exécutés le transport, l'enfouissement ou la destruction des cadavres seront déterminées par le règlement d'administration prévu à l'article 5.

« Art. 15. — La chair des animaux abattus comme ayant été en contact avec des animaux atteints de la peste bovine *peut* être livrée à la consommation, mais leurs peaux, abats et issues ne peuvent être sortis du lieu de l'abatage qu'*après avoir été désinfectés*.

« Art. 16. — Tout entrepreneur de transports par terre ou par eau qui aura transporté des bestiaux devra, en tout temps, *désinfecter*, dans les conditions prescrites par le règlement d'administration publique, les *véhicules* qui auront servi à cet usage.

Indemnités.

« Art. 17. — Il est alloué aux propriétaires des animaux abattus pour cause de peste bovine, en vertu de l'article 7, une *indemnité* de trois quarts de leur valeur avant la maladie.

« Il est alloué aux propriétaires d'animaux abattus pour cause de péripneumonie contagieuse ou morts par suite de l'inoculation, en vertu de l'article 9, une indemnité ainsi réglée :

« La moitié de leur valeur avant la maladie, s'ils en sont reconnus atteints.

« Les trois quarts s'ils ont seulement été contaminés.

« La totalité s'ils sont morts des suites de l'inoculation de la péripneumonie contagieuse.

« L'indemnité à accorder ne peut dépasser la somme de 400 francs pour la 1/2 de la valeur de l'animal, celle de 600 francs pour les 3/4 et celle de 800 francs pour la totalité de sa valeur.

« ART. 18. — Il n'est alloué aucune indemnité aux propriétaires d'animaux importés de *pays étrangers*, abattus pour cause de péripneumonie contagieuse dans les 3 mois qui ont suivi leur introduction en France.

« ART. 19. — Lorsque l'emploi des débris d'un animal abattu pour cause de peste bovine ou de péripneumonie contagieuse a été autorisé pour la consommation ou un usage industriel, le propriétaire est tenu de *déclarer* le produit de la vente de ces débris.

« Ce produit appartient au propriétaire; s'il est supérieur à la portion de la valeur laissée à sa charge, l'indemnité due par l'Etat est réduite de l'excédent.

« ART. 20. — Avant l'exécution de l'ordre d'abattage, il est procédé à une *évaluation* des animaux par le vétérinaire délégué et un expert désigné par la partie.

« A défaut, par la partie, de désigner un expert, le vétérinaire délégué opère seul.

« Il est dressé un *procès-verbal* de l'expertise; le maire et le juge de paix le contresignent et donnent leur avis.

« ART. 21. — La *demande d'indemnité* doit être adressée au Ministre de l'Agriculture et du Commerce, dans le délai de 3 mois, à partir du jour de l'abatage, sous peine de déchéance.

« Le Ministre peut ordonner la revision des évaluations faites en vertu de l'article 20, par une commission dont il désigne les membres.

« L'indemnité est fixée par le Ministre, sauf recours au Conseil d'État.

« ART. 22. — Toute infraction aux dispositions de la présente loi ou des règlements rendus pour son exécution *peut* entraîner la perte de l'indemnité prévue par l'article 17.

« La décision appartiendra au Ministre, sauf recours au Conseil d'État.

« ART. 23. — Il n'est alloué aucune indemnité aux propriétaires des animaux abattus par suite de maladies contagieuses, autres que la peste bovine et la péripneumonie contagieuse dans les conditions spéciales indiquées par l'article 9.

Importation et exportation des animaux.

« ART. 24. — Les animaux des espèces chevaline, asine, bovine, ovine, caprine et porcine sont soumis, en tout temps, aux frais des importateurs, à une *visite sanitaire* au moment de leur entrée en France, soit par terre, soit par mer.

« La même mesure peut être appliquée aux animaux des autres espèces, lorsqu'il y a lieu de craindre, par suite de leur introduction, l'invasion d'une maladie contagieuse.

« ART. 26. — Le Gouvernement peut *prohiber* l'entrée, ou *ordonner la mise en quarantaine* des animaux susceptibles de communiquer une maladie contagieuse, ou de tous objets pouvant présenter le même danger.

« Il peut, à la frontière, prescrire *l'abatage, sans indemnité*, des animaux malades ou ayant été exposés à la contagion et, enfin, prendre toutes les mesures que la crainte de l'invasion d'une maladie rendrait nécessaires.

« ART. 29. — Le Gouvernement est autorisé à prescrire, à la *sortie*, les mesures nécessaires pour empêcher l'exportation des animaux atteints de maladies contagieuses.

Pénalités.

« ART. 30.— Toute infraction aux dispositions les articles 3, 5, 6, 9, 10, 11, § 2 et 12 de la présente loi sera punie d'un *emprisonnement* de deux jours à six mois et d'une *amende* de 16 à 400 francs.

« ART. 31. — Seront punis d'un *emprisonnement* de deux mois à six mois et d'une *amende* de 100 à 1,000 francs :

« 1º Ceux qui, au mépris des défenses de l'administration, auront laissé leurs animaux infectés *communiquer* avec d'autres;

« 2º Ceux qui auraient *vendu ou mis en vente*, des animaux qu'ils savaient atteints ou soupçonnés d'être atteints de maladies contagieuses;

« 3º Ceux qui, sans permission de l'autorité, *auront déterré ou sciemment acheté des cadavres ou débris* des animaux morts de maladies contagieuses, quelles qu'elles soient, ou abattus comme atteints de la peste bovine, du charbon, de la morve, du farcin et de la rage;

« 4º Ceux qui, avant l'arrêté d'interdiction, *auront importé en France* des animaux qu'ils savaient atteints de maladies contagieuses ou avoir été exposés à la contagion.

« ART. 32. — Seront punis d'un emprisonnement de six mois à trois ans et d'une amende de 100 à 2 000 francs :

« Ceux qui auront vendu ou mis en vente de la *viande* provenant d'animaux qu'ils savaient morts de maladies contagieuses, quelles qu'elles soient, ou abattus comme atteints de la peste bovine, du charbon, de la morve, du charbon, du farcin et de la rage;

« 2º Ceux qui se seront rendus coupables des délits prévus par les articles précédents, s'il est résulté de ces délits une contagion parmi les autres animaux.

« ART. 23. — Tout *entrepreneur de transports* qui aura contrevenu à l'obligation de désinfecter son matériel sera passible d'une amende de 100 à 1 000 francs.

« Il sera puni d'un emprisonnement de six jours à deux mois s'il est résulté de cette infraction une contagion parmi les autres animaux.

« ART. 34. — Toute infraction à la présente loi, non spécifiée dans les articles ci-dessus, sera punie de 16 à 400 francs d'amende. Les contraventions aux dispositions du règlement d'administration publique rendu pour l'exécution de la présente loi seront, suivant les cas, passibles d'une amende de 1 à 200 francs, qui sera prononcée par le *juge de paix* du canton.

Dispositions générales.

« ART. 37. — Les *frais* d'abatage, d'enfouissement, de transport, de quarantaine, de désinfection, ainsi que tous les autres frais auxquels peut donner lieu l'exécution des mesures prescrites en vertu de la présente loi, sont à la charge des propriétaires ou conducteurs d'animaux.

« En cas de refus des propriétaires ou conducteurs d'animaux de se conformer aux injonctions de l'autorité administrative, il y est pourvu d'office à leur compte.

« Les frais de ces opérations seront recouvrés sur un *état* dressé par le maire et rendu exécutoire par le sous-préfet. Les oppositions seront portées devant le juge de paix.

« ART. 38. — Un *service des épizooties* est établi dans chacun des départements, en vue d'assurer l'exécution de la présente loi.

« ART. 39. — Les communes où il existe des foires et marchés aux chevaux et aux bestiaux seront tenues de préposer à leurs frais et sauf à se rembourser par l'établissement d'une taxe sur les animaux amenés, un vétérinaire pour l'*inspection sanitaire* des animaux conduits à ces foires et marchés. »

III. — BOTANIQUE

CHAPITRE IX

LES GRANDES DIVISIONS DU RÈGNE VÉGÉTAL

58. — Le tableau suivant présente en résumé les caractères saillants des principaux groupes de plantes.

Phanérogames plantes à fleurs......	**Angiospermes** ovules enfermés dans un ovaire clos et à stigmate.	**Dicotylédones** graine à 2 cotylédons, feuilles à nervures ramifiées	pétales séparés.	**Dialypétales** A *rose, girofléc.*
			pétales soudés..	**Gamopétales** B *tabac, primevère.*
			pas de pétales..	**Apétales** C *betterave, noyer.*
		Monocotylédones graine à 1 cotylédon, feuilles à nervures parallèles............		*blé, maïs, lis, palmiers.* D
	Gymnospermes, plantes sans ovaire clos, ovules non enfermés, pas de stigmates.			*pin, cèdre.* E
Cryptogames plantes sans fleurs.	avec racines...	Cryptogames vasculaires..............		*fougères, prêles.* F
	sans racines...	Muscinées...........		*mousses.* G
		Tallophytes..........		*champignons.* H

Tous ces groupes ont été étudiés sommairement avec leurs types principaux dans les leçons de Première et de Deuxième année. Nous allons reprendre ceux d'entre eux qui contiennent des plantes cultivées pour les besoins de l'homme et des animaux.

CHAPITRE X

DICOTYLÉDONES DIALYPÉTALES, A

59. — Le tableau suivant résume les caractères qui distinguent les principales familles des dicotylédones dialypétales.

<pre>
                    ⎧ soudées au calice.............. Rosacées, amandier,
                    ⎪   pommier.
                    ⎪
                    ⎪ soudées à la corolle......... Malvacées, mauve,
 Étamines   ⎨   guimauve.
 nombreuses.   ⎪   ⎧ anthères en dedans..... ⎫ Papavéracées, pavot,
                    ⎪ non soudées ⎨   coquelicot.
                    ⎩ au calice.. ⎩ anthères en dehors...... ⎧ Renonculacées, re-
                                                                 noncule, pivoine.

                              ⎧   ⎧ 6 étamines,   ⎧ Crucifères, colza,
                              ⎪   ⎪ 4 grandes, 2 petites,   chou, giroflée.
                              ⎪ ovaire   ⎨ feuilles alternes.
                              ⎪ libre.   ⎪
                   Corolle   ⎨   ⎩ 5 ou 10 étamines   ⎧ Caryophyllées, œil-
                   régulière. ⎪   feuilles opposées.   lets, saponaire.
 10 étamines   ⎪
     ou   ⎨ ovaire adhérent, fleurs en
 moins de 10.   ⎪ ombelle................. Ombellifères, ca -
                   ⎪   rotte, persil.
                   ⎩ Corolle irrégulière, papilionacée....... Légumineuses, lu-
                                                                 zerne, pois, haricot.
</pre>

La **vigne**, qui est une plante dicotylédone dialypétale, a été étudiée dans le cours de Deuxième année parmi les plantes agricoles.

60. Rosacées. — Les rosacées, qui se présentent en plantes herbacées ou en plantes ligneuses, ont pour caractères principaux leur calice à cinq sépales persistant, la corolle régulière à cinq pétales libres entre eux, les étamines nombreuses et insérées sur le calice. Le fruit diffère suivant les espèces.

On cultive dans le Midi l'*amandier* et dans toute la

France les *cerisiers*, *abricotiers*, *pêchers* et *pruniers* divers. On élève dans les jardins le *fraisier* et le *framboisier*, les *poiriers*, les *pommiers*, le *cognassier*, le *néflier*; on tire des pommes et poires fermentées le *cidre* et le *poiré*, des cerises, le *kirsch*.

On trouve dans les herbages l'*aigremoine*, la *pimprenelle*, l'*alchimille*, les *spirées* et la *benoîte*.

61. Papavéracées. — Les caractères des plantes de cette famille sont : un calice à deux sépales qui tombent au moment où la fleur s'ouvre, quatre pétales libres, de nombreuses étamines, un ovaire libre au milieu de la fleur qui devient un fruit sec contenant de nombreuses graines.

Outre le *coquelicot*, on y trouve les différentes variétés de *pavots* et la *chélidoine*.

On cultive le **pavot** commun à graines grises, la variété

FIG. 28.— Pavot, une feuille, une fleur, un fruit.

à graines blanches et le pavot noir ou *œillette*, commun dans le nord de la France.

En Orient, on cultive le pavot somnifère pour le suc qu'on extrait en incisant les fruits et qui donne l'opium. En Europe, c'est pour l'huile qu'on retire des graines et qu'on appelle *huile d'œillette* ou encore *huile douce*. La graine donne en effet 30 pour 100 d'une huile blanche et inodore employée dans l'alimentation.

62. Crucifères. — Les caractères saillants sont les

quatre pétales en croix, six étamines tétradynames, le fruit sec en silique.

On cultive dans la grande culture le *colza*, la *navette* et la *cameline* comme plantes oléagineuses; les *choux fourragers*, le *choux-navet* et les *navets* pour la nourriture du bétail.

Colza. — Le colza est une variété de chou, celle qui se rapproche le plus du type sauvage de cette plante. Il est bisannuel; on en cultive deux variétés, l'une à fleurs blanches, l'autre à fleurs jaunes; cette dernière est de beaucoup la plus répandue.

On sème le colza en automne pour faire la récolte à la fin du printemps suivant; quelquefois, on sème en été pour mettre les plantes en place au mois d'octobre. Le rendement moyen varie, suivant les conditions de la saison, de 25 à 40 hectolitres de graines par hectare. Après la coupe des tiges, on les fait sécher en javelle, puis on bat pour avoir la graine.

La **navette** est, comme le colza, une variété de chou. Elle en diffère par des feuilles radicales d'un vert foncé, et par la forme des siliques qui sont dressées contre les tiges. Les graines donnent de 30 à 35 pour 100 de leur poids d'huile.

On en cultive deux variétés : la navette d'hiver, qu'on sème à l'automne, et la navette d'été, qu'on sème au printemps. Cette plante vient bien sous les climats secs; les sols argilo-calcaires lui sont le plus favorables. Les soins de culture sont les mêmes que pour le colza; la récolte se fait de juin à juillet. Le rendement est de 20 à 25 hectolitres de graines par hectare.

La **cameline** est une plante annuelle cultivée surtout dans la région septentrionale de la France. Les terres légères sont celles où elle prospère le mieux. On sème à la fin du printemps sur une terre bien ameublie, et on récolte en été. Le rendement est de 20 à 25 hectolitres de graines de couleur jaune rougeâtre. L'huile de cameline est très estimée pour l'éclairage.

L'extraction de l'huile des graines oléagineuses

s'opère dans des *huileries*. On fait d'abord passer les graines dans un broyeur, puis sous une meule qui les réduit en farine. La partie solide qui reste après cette dernière opération reçoit le nom de tourteau.

Les huiles servent soit à l'alimentation humaine, soit à l'éclairage, soit à la peinture et à la préparation des vernis, soit au graissage des machines. — Quant aux tourteaux, on les emploie, soit comme nourriture pour le bétail, soit comme engrais.

Les **choux fourragers** constituent, dans quelques parties de la France, notamment dans l'Ouest, d'excellentes plantes fourragères pour tous les animaux, surtout pour les bœufs et les vaches.

On en cultive trois variétés :

Le *chou branchu du Poitou*, dont la tige atteint une hauteur de $1^m,50$ et porte, à l'aisselle des feuilles, des ramifications qui se couvrent elles-mêmes de feuilles ;

Le *chou cavalier*, qui s'élève parfois jusqu'à 2 mètres, mais ne présente pas de ramifications ; la tige porte en abondance des feuilles très larges à pétioles allongés ;

Le *chou moellier*, ou chou *Chollet*, qui atteint les mêmes proportions que le précédent, et dont la tige forme de la base à la cime un renflement qui contient une moelle blanche, succulente, recherchée par les animaux.

On sème généralement les choux fourragers en pépinière, pour les repiquer en place. Si l'on sème au printemps, on peut récolter les feuilles de septembre en novembre ; si l'on sème au mois de juin, on fait la récolte des feuilles en hiver et au commencement du printemps suivant. Les soins de culture consistent en sarclages pour détruire les mauvaises herbes, et en arrosages pendant l'été pour combattre les effets de la sécheresse.

On récolte les choux en enlevant, chaque jour, la quantité de feuilles nécessaire pour le bétail. Lorsque la récolte des feuilles est achevée, on coupe les tiges au pied, et on les hache pour les faire consommer.

Le *rendement* des choux fourragers est évalué, en moyenne, de 45 000 à 50 000 kilogrammes de fourrage vert par hectare; lorsque le plant a été bien soigné et a bien poussé, le rendement peut doubler.

Le **chou-navet** est un chou à racine renflée, dont la chair est ferme et résistante. On en cultive plusieurs variétés, dont les principales sont : le *chou-navet blanc*, à chair blanche, et le *rutabaga*, à chair jaune.

Ces deux plantes viennent bien sous les climats humides, dans les terres fortes et fraîches. En Bretagne, on cultive le rutabaga dans la plupart des fermes.

On sème sur place à la fin du printemps, en espaçant les plants de 35 à 40 centimètres dans tous les sens. On donne quelques sarclages pour détruire les mauvaises herbes.

La *récolte* se fait au commencement de l'hiver. Le rendement moyen est de 60 000 à 75 000 kilogrammes de racines à l'hectare; dans les conditions défavorables, notamment dans les années sèches, il ne dépasse pas 30 000 kilogrammes.

Le **navet** a une racine renflée et charnue, de forme variable suivant les variétés; la chair est blanche ou jaune, légèrement sucrée.

La principale variété de navet fourrager cultivée en France est le *navet du Limousin*, dont la racine est très grosse, de forme irrégulière, et dont le feuillage est très développé.

Le navet fourrager vient bien surtout sous les climats frais et humides. On fait les semailles au mois de juin, et on récolte les racines au commencement de l'hiver. Ces racines forment une bonne nourriture pour tous les animaux domestiques.

63. Ombellifères. — Le caractère saillant de la famille, c'est la disposition des fleurs en *ombelles composées*. Les feuilles sont alternes, ordinairement très divisées. Les fleurs sont petites avec cinq pétales libres, cinq étamines et un fruit à deux akènes.

Les feuilles du *persil* et du *cerfeuil* servent de condiment. Le *fenouil*, l'*anis*, l'*angélique* sont employés dans la confiserie et dans la préparation des liqueurs. On cultive la *carotte* et le *panais* pour leurs racines alimentaires.

Carotte. — La variété de **carotte** que l'on cultive le plus comme plante fourragère est la *carotte blanche*. Elle a une racine longue et grosse, presque complètement enterrée, dont la chair est blanche, tirant sur le jaune. Il y en a une variété, à collet très large, qui est connue sous le nom de carotte blanche des Vosges.

La carotte est recherchée principalement pour la nourriture des chevaux et des vaches.

Il faut à la carotte une terre bien labourée et bien fumée. On pratique des semis en place, au printemps ; le mieux est de les faire en lignes, ce qui permet d'exécuter facilement les binages pour la destruction des mauvaises herbes.

On récolte la carotte en automne ou au commencement de l'hiver, avec la houe, ou en faisant passer dans les lignes la charrue sans versoir. On évalue le *rendement* moyen de 25 000 à 30 000 kilogrammes de racines par hectare.

Au moment de la récolte, on coupe les feuilles que l'on donne au bétail et on conserve les racines pendant l'hiver, dans des celliers, dans des silos, ou en tas dans les champs.

Panais. — Le panais a une racine très pivotante, charnue, de couleur blanche. C'est une excellente nourriture, notamment pour les chevaux.

On cultive le panais à peu près de la même manière que les *carottes* ; mais on fait les semailles plus tôt, en février ou en mars. Le panais se développe surtout sous les climats un peu humides.

Cette plante est très rustique ; on peut ne faire la récolte qu'à la fin de l'automne et même laisser les racines en terre pendant l'hiver pour les arracher à mesure des besoins.

64. Légumineuses. — Les légumineuses sont caractérisées par leur fruit uniloculaire ou *légume*, leur fleur papilionacée, avec sa corolle irrégulière, ses dix étamines, dont une libre.

Les espèces sont nombreuses ; on cultive les unes pour fourrages, la *luzerne*, le *trèfle*, le *sainfoin ;* d'autres pour les graines, les *haricots*, les *lentilles*, les *fèves* et *féveroles ;* d'autres pour toute la plante en fourrage vert, la *minette*, l'*anthillide*, la *gesce* et la *vesce*.

Haricot. — Le haricot (*Phaseolus*) est cultivé pour ses grains secs ou pour ses cosses vertes. Dans le premier cas, on dit qu'on récolte des haricots, et dans le deuxième cas des haricots verts. Deux espèces sont cultivées en France : le haricot ordinaire (*Phaseolus vulgaris*) et le haricot d'Espagne (*Phaseolus multiflorus*), ce dernier surtout dans le Midi. Le dolique (*Dolichos*) se rapproche beaucoup du haricot ; on le cultive en Algérie et dans le Midi.

Par la culture, on a obtenu un grand nombre de variétés du haricot ordinaire ; elles diffèrent par la forme du grain et par sa couleur qui passe du noir au rouge, au panaché, au jaune, au vert et au blanc. On distingue les variétés à rames, c'est-à-dire celles dont on soutient les tiges avec de légers tuteurs, et les variétés naines, dont les tiges se soutiennent d'elles-mêmes. Les variétés les plus célèbres sont les haricots-flageolets, de Soissons.

Pois. — Le pois est cultivé surtout pour ses graines vertes qu'on cueille avant leur maturité. Il en existe beaucoup de variétés, dont les unes sont à rames et les autres naines ; elles se distinguent par la forme et la grosseur du grain. Parmi les plus célèbres, il faut citer le pois de Clamart, le pois Michaux, le pois vert à purée.

Le pois chiche appartient à une autre espèce. C'est

une plante méridionale, cultivée en Provence et en Languedoc.

Lentilles. — Une seule espèce de lentille est cultivée comme plante alimentaire pour l'homme; c'est la lentille commune (*Ervum lens*). Les principales variétés sont la lentille à la reine et la lentille d'Auvergne. Généralement, on distingue les lentilles d'après leur provenance; on dit les lentilles de Bourgogne, de Champagne, etc.

Une autre espèce de lentille est cultivée comme plante fourragère.

Fève. — La fève est cultivée pour ses graines, de forme aplatie, qu'on mange soit vertes, soit réduites en farine. Les principales variétés sont : la fève de marais ou fève domestique, à graines jaunâtres; la fève rouge, ainsi nommée de la couleur de ses graines.

Une variété de fève est cultivée exclusivement pour la nourriture du bétail; c'est la *féverole*. On fait manger la plante entière à l'état vert, ou bien les grains secs, récoltés après maturité.

La gesse (*Lathyrus sativus*) est cultivée surtout dans le midi de l'Europe; dans les départements méridionaux, la culture de cette plante a pris une certaine extension.

Suivant l'usage de ces diverses plantes, on procède à la récolte à des époques différentes. Lorsqu'on veut consommer les graines sèches, on en attend la maturité presque complète; on coupe alors les tiges, et on laisse les graines achever de mûrir en javelles; puis on les rentre à la ferme pour procéder au battage.

Les haricots et les pois, cueillis verts, ne se conservent que pendant peu de temps; il faut donc les livrer le plus tôt possible à la consommation. Quant aux grains secs, on doit les conserver dans des greniers où ils soient complètement à l'abri de l'humidité.

Les tiges sèches, appelées fanes, peuvent servir à la nourriture du bétail.

Le pois, la fève, la lentille, ont un ennemi redoutable

dans un genre d'insecte coléoptère, la *bruche*, dont la larve se nourrit de la substance farineuse de la graine. Chaque année, cet insecte fait des ravages plus ou moins considérables dans les cultures de légumineuses.

Luzerne. — La **luzerne** est une plante *vivace*, à racines *pivotantes* très fortes et s'enfonçant profondément dans le sol; les *tiges* de la luzerne atteignent une longueur de plusieurs décimètres, et se garnissent de feuilles nombreuses, divisées en trois folioles allongées.

La luzerne est une plante originaire des pays chauds; elle donne des produits plus abondants et dure plus longtemps dans le midi de la France que dans le nord. Elle vient bien dans la plupart des sols, mais prend plus de vigueur dans les terres profondes; elle dépérit lorsque ses longues racines rencontrent une nappe d'eau, ou lorsque le sol, trop compact, retient l'eau, qui y reste stagnante.

Le champ dans lequel on a semé de la luzerne est appelé **luzernière**.

Une luzernière dure généralement de six à huit ans, dans les conditions ordinaires; au bout de ce temps, elle est le plus souvent envahie par d'autres plantes. En la fumant et en la sarclant au printemps, on peut en prolonger la durée pendant plusieurs années.

On fait, chaque année, deux ou trois *coupes* de luzerne; dans les luzernières arrosées du Midi, on peut faire jusqu'à cinq coupes. On convertit la luzerne en *foin*, comme l'herbe des prairies naturelles; mais il faut prendre des précautions pour ne pas séparer des tiges les jeunes pousses et les feuilles.

Le *rendement* des luzernières varie, suivant les années et le sol, de 5 000 à 10 000 kilogrammes de fourrage sec par hectare. Dans les luzernières fortement arrosées du Midi, il atteint parfois 15 000 à 18 000 kilogrammes.

Trèfle. — Le **trèfle** est une plante précieuse, principalement pour la partie septentrionale de la France; il lui faut un climat humide pour donner un fourrage abondant et de bonne qualité.

Il y a un grand nombre de variétés de *trèfle*. On en cultive principalement deux : le *trèfle violet* ou trèfle *commun*, et le trèfle *incarnat*.

Le *trèfle commun* est une plante vivace, à laquelle on ne fait généralement occuper le sol que dix-huit mois. On le sème au printemps, le plus souvent dans une céréale ; après la moisson, on peut faire pâturer le trèfle ; l'année suivante, on fait deux coupes et on a ensuite un bon pâturage. On laboure le trèfle en hiver pour faire place à une autre culture.

Le *trèfle incarnat*, appelé aussi *farouche*, est une plante annuelle ; grâce à sa végétation rapide, il donne d'abondants produits dès le mois de mai ; c'est le premier

Fig. 29. — Le trèfle, rameau fleuri.

fourrage vert que l'on peut donner au bétail après l'hiver. Son nom lui vient de la couleur pourpre vif de ses fleurs. On sème le trèfle incarnat en septembre sur chaumes de céréales, après un léger labour ; il vient bien dans la plupart des sols, mais l'excès d'humidité lui est très défavorable. On le coupe dès la fin d'avril ou en mai, lorsque les fleurs commencent à se développer. On ne peut en faire qu'une coupe, qui donne 20 000 à 25 000 kilogrammes de fourrage vert ; par la dessiccation, cette quantité se réduit à 4 000 ou 5 000 kilogrammes de foin de trèfle. Le plus souvent on fait consommer le trèfle incarnat à l'étable par les chevaux ou les vaches; mais quelquefois on le fait pâturer au piquet.

Sainfoin. — Le **sainfoin**, appelé aussi *esparcette* ou *bourgogne*, est une plante vivace. Plusieurs espèces croissent spontanément en France; on en cultive une seule, le *sainfoin cultivé*. C'est le fourrage des terrains secs et légers, pourvu qu'ils soient *calcaires*.

Les *tiges* du sainfoin s'élèvent jusqu'à 60 centimètres; elles portent de nombreuses *feuilles* divisées en folioles longues et fines; les *fleurs* sont purpurines, et se développent en mai et juin.

On distingue deux variétés de sainfoin : le *sainfoin à une coupe* et le *sainfoin à deux coupes;* cette dernière forme des tiges plus vigoureuses et a des feuilles plus larges.

La *semaille* du sainfoin se fait généralement comme celle du trèfle, dans une céréale. La plante peut se maintenir quatre à six ans sur le même sol. Le *rendement* en est de 4000 à 6000 kilogrammes de fourrage sec, par hectare et par an, en une ou deux coupes.

L'introduction des prairies artificielles de plantes légumineuses en France remonte à plusieurs siècles. C'est depuis la moitié du siècle dernier que ces prairies ont pris de l'extension.

La **vesce**, appelée *jarosse* dans l'Ouest, *hibernage* dans le Nord, est une plante recherchée par tous les animaux domestiques. On en cultive deux variétés : la vesce d'hiver, qui se sème en automne, et la vesce de printemps, qui se sème de mars en mai. On coupe la plante pour la donner verte aux animaux : en faisant plusieurs semis à différentes époques, on peut avoir du fourrage pendant tout l'été.

La **lupuline** ou **minette** est une plante bisannuelle qu'on sème au printemps dans une céréale, pour la faire pâturer ou la faucher au printemps suivant. La récolte est de 10000 à 12000 kilogrammes de fourrage vert par hectare.

La *gesse* peut être cultivée pour sa tige et non pour

sa graine, elle donne, semée à l'automne et au printemps, un bon fourrage d'été.

Le *pois gris* (*Pisum arvense*), appelé aussi *bisaille*, constitue aussi un excellent fourrage qu'on peut faire consommer en vert ou en sec par le bétail.

L'*anthyllide* est une plante qui vient bien dans les terres sèches et calcaires où les autres légumineuses poussent avec peine.

Deux espèces de *lupin*, le blanc et le jaune et le *mélilot* sont des plantes qui pourraient rendre de grands services dans les terrains pauvres.

CHAPITRE XI

DICOTYLÉDONES GAMOPÉTALES B

65. Tableau des principales familles.

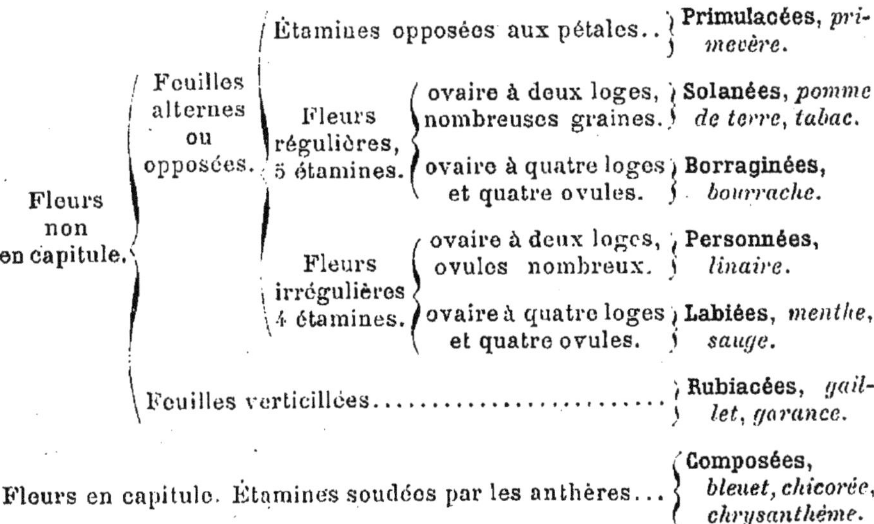

Dans un groupe voisin des primulacées, on place les **oléinées**, qui comprennent l'*olivier*, le *frêne*, le *lilas*, le *troène*.

66. Solanées : pomme de terre.—La **pomme de terre** est une plante herbacée vivace, de la famille des Solanées, dont les tiges souterraines se renflent en **tubercules.** Les tiges aériennes annuelles sont étalées, rameuses, et se couvrent de feuilles simples et de fleurs de couleur violacée.

Originaire de l'Amérique méridionale, la pomme de terre a été importée en Europe, au seizième siècle, d'abord dans les Pays-Bas, dans les Flandres et dans une partie de la Lorraine. Mais la culture en devint générale en France à la fin du dix-huitième siècle, après les efforts faits par *Parmentier* pour la propager. Aujourd'hui on consacre en France, chaque année, environ 1 200 000 hectares à la culture de cette plante.

On recherche la pomme de terre pour ses *tubercules.* Par les soins de culture, il s'en est produit un très grand nombre de variétés, recommandables, les unes par leur rendement, les autres par leur précocité, d'autres enfin par la finesse de leur goût.

On distingue les variétés les unes des autres par la forme des tubercules et leur grosseur.

Les plus connues et les plus répandues sont :

Les pommes de terre *jaunes rondes*, à tubercules arrondis, de couleur jaune vif, à chair jaune (*chardon*). Les *jaunes longues*, à tubercules allongés, de couleur jaune, à chair très jaune (*marjolin, royal*) ; les *roses* à tubercules allongés et aplatis à peau rose et à chair blanche (*Rose hâtive, Rosette*) ; les *rouges longues* à tubercules aplatis, à peau rouge et à chair jaune pâle (*Hollande, Vitelotte*) ; les *Violettes* à tubercules arrondis, de couleur jaune panachée de violet, à chair jaune (*Blanchard, Vio'ette, Quarantaine*).

C'est par la plantation des tubercules au printemps qu'on reproduit la pomme de terre. On n'a recours au semis des graines que pour obtenir de nouvelles variétés. Les tubercules portent des germes, d'où sortent les tiges aériennes.

On plante les tubercules à la main, à la charrue ou au rayonneur. La plantation se fait en lignes parallèles, distantes de 40 à 60 centimètres.

Les sols légers et de consistance moyenne sont ceux qui conviennent le mieux ; la pomme de terre végète moins bien dans les sols argileux, surtout lorsque la saison est pluvieuse.

Les soins de culture consistent d'abord en binages, pour détruire les mauvaises herbes, puis en un *buttage* pour enterrer plus profondément la tige et provoquer la formation de tubercules nombreux.

Le buttage se pratique soit à bras, avec la houe à main ; soit avec un appareil spécial qu'on appelle buttoir.

La maturité des tubercules arrive, suivant les variétés, en été ou en automne. Elle se manifeste par la dessiccation des feuilles et des tiges. On procède alors à l'arrachage.

On nettoie les tubercules de la terre qui les recouvre, et on les conserve dans des caves bien sèches ou dans des silos.

Le rendement des pommes de terre varie dans d'assez grandes proportions, suivant les variétés : en année moyenne, certaines variétés donnent de 125 à 150 hectolitres de tubercules par hectare, et d'autres donnent jusqu'à 250 hectolitres.

La pomme de terre constitue un aliment très précieux pour l'homme. Parmi les animaux domestiques, les porcs en consomment beaucoup.

La distillation des pommes de terre, en vue d'obtenir l'alcool, est peu répandue en France, mais elle est très répandue en Allemagne.

On y cultive à cet effet une variété, dite *impériale*, qui est très productive.

67. L'olivier. — L'olivier est en France l'arbre caractéristique du Sud-Est ; on le trouve dans la vallée du Rhône, depuis l'Ardèche jusqu'à la mer, et sur tout le littoral méditerranéen. On le cultive de temps immémorial pour ses fruits, les *olives*, qui entrent dans l'alimentation et dont on extrait une *huile* excellente.

L'huile d'olive est comestible; de plus elle forme la base du *savon*.

L'olivier vient dans la plupart des terres. Il pousse très bien dans les terres fortes et profondes, mais il se contente aussi des terrains secs et arides.

On plante les oliviers en massifs ou en rangs espacés.

Pendant l'hiver, on *butte* le pied des arbres, pour les soustraire à l'action des gelées. On profite de ce travail pour leur donner l'*engrais* qui leur est nécessaire.

L'arbre ne fleurit que sur le bois de deux ans, et il est nécessaire de le tailler chaque année.

La cueillette des olives se fait un peu avant la maturité complète, c'est-à-dire du mois de novembre au milieu de décembre.

On mange les olives fraîches ou confites. L'huile d'olive de première pression est universellement estimée pour l'alimentation; celle de seconde pression peut être employée à la fabrication des savons.

CHAPITRE XII

DICOTYLÉDONES APÉTALES, C

68. Tableau des principales familles.

Fleurs en chaton. — Arbustes ou arbres . . . . **Amentacées,** *noyer, chêne, saule.*

Plantes herbacées, fleurs non en chaton.

    Fruit en un akène.

        Étamines et pistil dans la même fleur.

            avec stipules . . . **Polygonées,** *oseille, sarrasin.*

            sans stipules . . . **Chénopodées,** *betterave.*

        Fleurs à étamines distinctes des fleurs à pistil . . . . **Urticées,** *ortie, chanvre, houblon.*

    Fruit en capsule à plusieurs graines . . . . . . **Euphorbiacées,** *euphorbe, ricin.*

Nous étudierons dans ce groupe le *sarrasin*, la *bette-rave*, le *chanvre* et le *houblon*.

69. Sarrasin. — Le sarrasin, qu'on appelle aussi *blé noir*, est une plante *annuelle*, de la famille des Poly-gonées, à tige herbacée, à *feuilles* en forme de flèche, à *fleurs* blanches ou rosées qui forment des épis aux aisselles des feuilles ou des corymbes aux extrémités des rameaux ; les *fruits* présentent plusieurs faces trian-gulaires, à arêtes arrondies. On cultive le sarrasin surtout dans l'ouest de la France et dans plusieurs départements du centre.

On sème et on récolte en France deux espèces de sar-rasin : le *sarrasin ordinaire*, dont les graines sont lisses et unies ; le *sarrasin de Tartarie*, à graines rugeuses et petites.

La variété dite *sarrasin argenté* se propage de plus en plus.

Les semailles se font de la fin de mai à la fin de juin.

La récolte a lieu communément pendant le mois d'octobre. On coupe les tiges, à la faucille ou à la faux, on les dresse par petites *gerbes*, afin qu'elles se des-sèchent plus régulièrement. On procède ensuite au *bat-tage* pour séparer le grain.

Le rendement est très variable. En Bretagne, on l'estime en général à 20 hectolitres par hectare.

Le sarrasin entre pour une large part dans la nour-riture des populations qui cultivent cette plante. On réduit le grain en *farine*, et avec cette farine on prépare des *bouillies*, des *galettes*, des *gâteaux*.

On emploie aussi le sarrasin, en grain ou en farine, pour l'engraissement ou la nourriture des *bœufs*, des *vaches*, des *porcs* ou des *animaux de basse-cour*.

70. Betterave. — La betterave (*Beta vulgaris*) est une plante de la famille des *Chénopodées*, bisannuelle, à racine renflée et charnue ; la tige ne se développe que la deuxième année. Les feuilles poussent au collet de la racine ; elles sont ovales et larges. Les fleurs se développent par groupes sur les rameaux. Les graines sont petites.

On cultive la betterave pour sa racine, qu'on récolte à la fin de la première année de sa végétation. On a

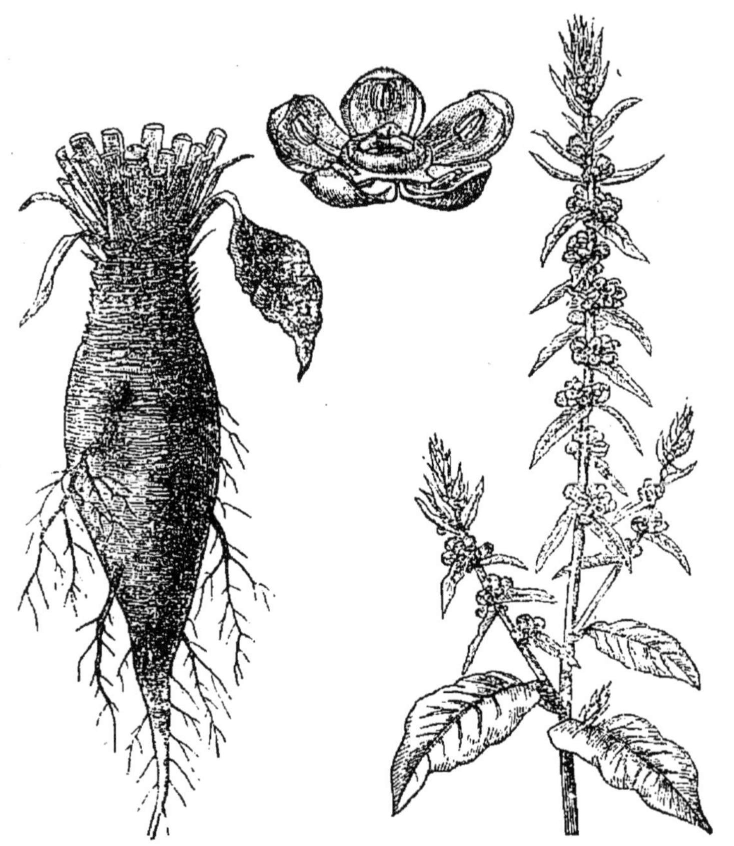

FIG. 30. — Betterave, racine et tige garnie de fleurs. Fleur isolée.

obtenu un grand nombre de variétés, qu'on répartit en trois catégories : betteraves *potagères*, pour l'alimentation humaine ; betteraves *fourragères*, pour le bétail ; betteraves *à sucre*, qu'on cultive pour le sucre qu'elles renferment.

La betterave fourragère a une racine longue, en partie hors de terre. La betterave à sucre est plus courte et croît entièrement en terre.

La culture de la betterave à sucre date du commencement du dix-neuvième siècle. Le sucre de betterave est le même que le sucre de canne; formé dans les feuilles, il s'emmagasine dans la racine en proportion croissante depuis le collet jusqu'à la pointe. La betterave fournit aujourd'hui environ le tiers de la quantité de sucre fabriquée dans le monde entier. La proportion de sucre que renferment les betteraves varie de 6 à 18 p. 100 de leur poids; pour que l'extraction du sucre en soit avantageuse, il faut que cette proportion soit au moins de 10 à 12 p. 100.

Presque toutes les betteraves à sucre sont issues de la betterave *blanche de Silésie*. Les principales sont : la betterave à sucre allemande ou de Magdebourg, la betterave impériale de Knauer, la betterave à sucre française à collet vert, la betterave à sucre française à collet rose, la betterave améliorée de Vilmorin. Les bonnes betteraves à sucre ont une racine étroite et allongée poussant profondément en terre sans en sortir, un collet assez large, des feuilles abondantes, une chair très dure et une peau rugueuse.

Pour les obtenir, il est nécessaire de semer de la graine d'une race bien déterminée et fixée par la sélection; c'est la condition indispensable du succès.

La maturité des betteraves commence en septembre; elle est caractérisée par le jaunissement des feuilles et leur inclinaison vers le sol. On procède à l'arrachage. Après avoir débarrassé les racines de la terre qui les entoure, on en coupe le collet avec une serpe, et on les réunit en tas couverts de feuilles. On les livre immédiatement aux sucreries ou aux distilleries, ou bien on les conserve en silos pendant quelques semaines.

Autrefois les betteraves à sucre étaient vendues au poids; le mode de vente actuel est basé sur la richesse des racines en sucre. Cette richesse se détermine soit par la densité du jus extrait de la racine, soit par le saccharimètre.

Le cultivateur choisit, dans sa récolte, les betteraves qui présentent les meilleurs caractères, et il les met de côté pour les replanter au printemps suivant, afin d'avoir les graines nécessaires pour ses futures semailles. Le choix des betteraves porte-graines est très important pour maintenir la richesse saccharine de la plante.

La racine de betterave est la matière première non seulement de la sucrerie, mais aussi de la distillerie d'alcool.

71. Le **chanvre** (*Cannabis sativa*) est une plante herbacée annuelle, dioïque, appartenant à la famille des Urticées. De ses tiges on extrait une filasse un peu grossière, mais d'une très grande solidité, employée surtout pour la fabrication des cordages. Ses graines, appelées chènevis, fournissent une huile et un tourteau.

On cultive deux variétés de chanvre : le *chanvre commun* et le *chanvre de Piémont*. Cette dernière est de plus grande taille et mûrit plus tardivement.

La croissance de cette plante est très rapide ; on sème d'avril en mai, et on récolte d'août en septembre. C'est pour cette raison qu'on peut cultiver le chanvre sous des climats très variés.

Les pieds qui portent les fleurs mâles se dessèchent avant les autres qui portent les fleurs femelles et les graines. On les arrache ou on les coupe les uns après les autres à la maturité ; on les porte au *rouissage*, puis au *teillage* pour en retirer la filasse.

72. Le **houblon** est une plante *herbacée*, *vivace*, *dioïque*, appartenant à la famille des Cannabinées. Il pousse chaque année de longues *tiges volubiles* qui se ramifient et se couvrent de fleurs.

Les fleurs mâles et les fleurs femelles se développent sur des pieds séparés.

Les fleurs mâles forment des *grappes* terminales ; les fleurs femelles sont réunies sur les tiges en *cônes* aromatiques recouverts d'écailles.

On ne cultive que les pieds femelles ; on emploie les

cônes des fleurs pour donner à la *bière* l'amertume et le parfum qui la caractérisent.

Un champ planté de houblon reçoit le nom de **houblonnière**.

On en trouve en Flandre, en Lorraine, en Alsace, en Bourgogne, en Angleterre et en Allemagne.

On *laboure* profondément avant de procéder à la *plantation* des *éclats de racines* d'anciens plants.

Au mois de mai, on procède à l'*échalassement* du houblon ; cette opération consiste à enfoncer au pied de chaque plant une longue perche de 4 à 5 mètres de hauteur, sur laquelle s'enroulent les tiges.

Les deux principales variétés sont le houblon *précoce*, qui est mûr en août, et le houblon *tardif*, qui ne mûrit qu'en septembre.

La *récolte* du houblon se fait à l'automne ; lorsque les cônes prennent une teinte dorée, on *coupe* les tiges à 30 centimètres environ au-dessus du sol, et on *déterre les perches* au moyen de leviers ou de fortes pinces. On détache à la main les tiges pour faire facilement la cueillette des cônes, que l'on place sur des claies pour les porter immédiatement dans des séchoirs spéciaux nommés *tourailles* ou dans des greniers. Les feuilles sont employées comme fourrage.

Les deux premières années, la production du houblon est faible ; elle ne devient complète qu'à la troisième année. Alors on obtient de 1 500 à 2 000 kilogrammes de cônes par hectare. Mais le rendement varie, suivant les années, dans de très grandes proportions ; cette plante est, en effet, très sensible au froid et à l'humidité ; elle est attaquée par plusieurs insectes, notamment par le *puceron du houblon*, qui cause souvent de très grands dégâts.

Après la récolte, on enterre le bas des tiges, pour qu'elles passent l'hiver à l'abri des intempéries. Une houblonnière peut durer de quinze à vingt ans ; mais on l'arrache généralement au bout de douze ans.

CHAPITRE XIII

MONOCOTYLÉDONES, D

73. Tableau des principales familles.

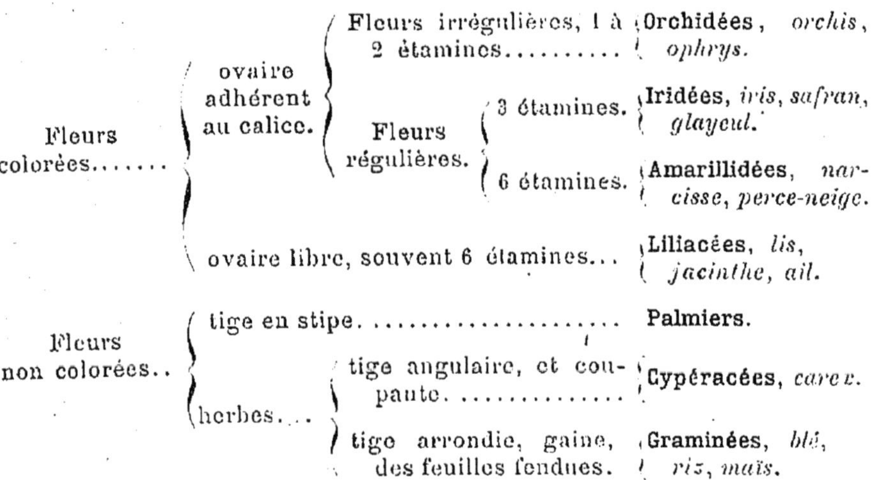

74. Graminées. — La famille des graminées renferme un grand nombre d'espèces utiles, qu'elles croissent spontanément comme les herbes des prairies ou qu'elles soient cultivées pour l'alimentation comme les céréales. On y étudie particulièrement le *froment* ou les variétés de *blé*, le *seigle*, l'*orge*, l'*avoine*, le *maïs*, le *millet* et le *riz*.

75. Froment. — Le froment est la céréale la plus importante pour le cultivateur. Son grain, réduit en farine, sert à faire le pain, qui est la base de l'alimentation.

Les *variétés de froment*, se distinguent par la forme de l'épi et du grain.

L'*épi de froment* (fig. 31) est formé par un certain nombre d'*épillets* disposés de chaque côté d'un axe central. Chaque épillet renferme de deux à six *grains* réunis dans une enveloppe commune composée de deux pièces appelées *glumes;* chaque grain a une enveloppe spéciale formée par les *glumelles.*

On désigne souvent le froment sous le nom de **blé**. Le mot *blé* s'applique aussi au sarrasin (blé noir), au maïs (blé de Turquie); mais généralement, lorsqu'il n'est suivi d'aucun qualificatif, il désigne le *froment.*

Le *froment barbu* est celui dans lequel la glumelle extérieure du grain se termine par une arête ou barbe dont la longueur dépasse celle de l'épillet.

La *tige* creuse ou pleine, munie de nœuds à la naissance des feuilles, devient la *paille.* Les *racines* du froment sont *fasciculées.* Lorsque la plante est jeune, elle talle; des filets nombreux se développent, et il se forme une touffe, d'où sortent des tiges en nombre variable.

Les *variétés* de froment peuvent se répartir en deux catégories :

Les *froments à grain nu*, dont la balle se sépare facilement, et qui comprennent les blés *tendres*, les blés *poulards*, les blés *durs;*

Les *froments à grains vêtus*, dont la balle est adhérente : tels sont les *épeautres* et les *engrains.*

Les *blés tendres* ont un grain qui s'écrase facilement; la paille est creuse; la couleur des grains varie, suivant les variétés, du blanc au rouge.

Les *blés poulards* ont le grain renflé ou bossu, de couleur rougeâtre; la paille est pleine.

Fig. 31.
Épi de blé.

Les *blés durs* ont le grain allongé, souvent pointu, de consistance cornée, de couleur variable ; la paille est pleine. Ces blés sont généralement plus riches en gluten que ceux des autres familles.

Les *épeautres* ont un épi long et mince ; leur paille est forte.

Les *engrains* se distinguent des épeautres en ce qu'ils tallent davantage.

Dans la région du Nord, on cultive surtout des variétés à épi blanc jaunâtre : tels sont le *blé blanc de Flandre*, le *blé Victoria;* dans l'Ouest, le *blé de Saumur*, le *blé de Saint-Laud;* dans le Centre, le *blé de Hongrie*, le *blé oulard de Touraine, d'Auvergne;* dans le Sud-Ouest, le *blé de Nérac*, la *touzelle rouge;* en Provence et dans le Languedoc, des blés barbus, tels que le *blé saissette d'Arles*, le *blé bladette.*

On sème la plupart des variétés de froment à l'automne. Le grain est mis en terre, autant que possible, du 10 au 20 octobre, et on fait la récolte, suivant la région, depuis la fin de juin jusqu'à la fin d'août.

On sème quelques variétés au printemps ; la durée de leur végétation est généralement comprise entre quatre-vingt-dix et cent vingt jours. Mais ces variétés donnent souvent un produit plus faible, parce qu'elles tallent moins.

Les variations de la *saison* ont une grande influence sur la végétation du froment. Des froids intenses, lorsque la terre n'est pas couverte de neige, détruisent parfois le blé en herbe. Si le printemps est humide et si la tige ne prend pas la force nécessaire pour se soutenir, elle se couche sur le sol, et on dit que le blé **verse**; dans ce cas, l'épi mûrit mal. Lorsque des chaleurs excessives surviennent avant la maturation, le grain mûrit trop vite ; il reste petit et sec.

Il faut, pour une bonne récolte, que la température soit de plus de 20 degrés au moment de la fécondation des fleurs, ou bien les épillets ne sont pas garnis de gros grains.

La *production* est de 10 à 25 hectolitres de grain par hectare dans les terres ordinaires assez bien cultivées; elle descend au-dessous de 10 hectolitres dans les sols pauvres; mais elle atteint 30 à 40 hectolitres dans les terres riches abondamment fumées, quand les conditions climatériques sont favorables. Le *poids* de l'hectolitre de froment de bonne qualité est de 75 à 80 kilogrammes. L'emploi du nitrate de soude au printemps augmente notablement le rendement.

Le froment est sujet à plusieurs maladies. La **rouille** est une pourriture de la paille due au développement de petits champignons, favorisé par l'humidité.

La **carie** et le **charbon** sont des altérations du grain produites par des cryptogames; on les combat par le *sulfatage* ou le *chaulage* des semences.

76. Seigle et méteil. — Le **seigle** diffère du froment en ce que le *grain* est *mince* et allongé, et l'épi *grêle* et peu fourni.

Cette plante réussit surtout dans les *terres légères*, sablonneuses et schisteuses; elle supporte plus facilement que le froment les températures rigoureuses. C'est pourquoi on cultive surtout le seigle dans les terres pauvres et dans les régions hautes et froides, où le froment se développerait mal. On dit souvent que le seigle est le *blé des pays de montagne et des terres pauvres*.

On connaît plusieurs variétés de seigle; mais le *seigle d'hiver* ou seigle commun est celle que l'on cultive presque exclusivement.

On sème généralement en septembre ou en octobre, afin que le plan ait acquis avant l'hiver assez de force pour résister au froid.

Le *rendement* du *grain* est de 20 à 22 hectolitres dans les terres de qualité moyenne; il peut atteindre 30 à 35 hectolitres dans les terres très fertiles; mais dans les terres pauvres, il dépasse rarement 10 ou 12 hectolitres.

Dans beaucoup d'exploitations, on cultive le seigle surtout pour la paille ; comme la moisson du seigle se fait avant celle des autres céréales, la paille est employée à faire les *liens* pour engerber le blé.

Le seigle est souvent sujet à la maladie de l'**ergot**, qui est déterminée par le développement d'un cryptogame dans le grain pendant qu'il mûrit. Le grain atteint se distingue par sa longueur anormale et par sa couleur noirâtre ou brun violacé. Le seigle ergoté est impropre à la consommation.

On donne le nom de **méteil** à un mélange de froment et de seigle qu'on sème sur la même terre. Ce mélange se fait généralement dans des proportions égales pour les deux plantes.

77. Orge. — L'orge est une graminée à racines courtes, fasciculées, à tiges grosses et à *épis simples* et droits, formés par des *épillets* réunis par trois sur l'axe, et ne renfermant chacun qu'un seul grain. Les *glumes* sont garnies d'un arête ou *barbe* longue et dressée.

On connaît un assez grand nombre de *variétés* d'orge, que l'on distingue surtout par la disposition des *épillets* sur l'axe.

Les principales *variétés* d'orge cultivées sont les suivantes :

L'*orge commune* ou *orge carrée*, dont les grains forment des épis carrés, quoiqu'ils soient disposés sur six rangs, mais deux de ces rangs sont moins saillants que les autres ;

L'*orge à deux rangs*, appelée *paumelle*, dont l'épi est allongé et aplati.

L'*orge à six rangs*, ou *orge-escourgeon*, dont les grains sont disposés sur six rangs réguliers, également distants.

L'*orge éventail*, dont l'épi est court, aplati, épanoui en forme d'éventail.

Ces variétés, à l'exception de l'orge-escourgeon, sont des *orges de printemps*, c'est-à-dire qu'elles se sèment aux mois de février ou de mars. L'escourgeon est une *orge d'hiver* qu'il faut semer à l'automne.

On cultive l'orge dans toutes les parties de la France. Le *rendement* varie suivant les variétés; il est généralement plus élevé pour les orges d'hiver ou escourgeons que pour les orges de printemps, surtout en ce qui concerne la paille. Pour l'escourgeon, on récolte assez souvent 50 à 60 hectolitres de grain par hectare, tandis que, dans les bonnes terres, la production moyenne des orges de printemps ne dépasse pas 25 à 30 hectolitres.

On prépare pour l'homme l'*orge mondé* ou *orge perlé*, qu'on obtient en débarrassant le grain de sa pellicule.

Réduite en *farine*, l'orge entre pour une large part dans la nourriture des animaux qu'on engraisse pour la boucherie. Dans les pays méridionaux, l'orge remplace l'avoine pour la nourriture des chevaux.

Enfin l'orge, sous forme de *malt*, c'est-à-dire d'orge germée arrêtée à temps dans sa germination et desséchée, sert à la fabrication de la **bière**. On emploie aussi le malt dans les *distilleries* de grains pour transformer la matière féculente en substance sucrée.

78. Avoine. — L'avoine est une des céréales les plus importantes des régions septentrionales. Il y a un grand nombre d'espèces d'avoine ; une seule est une plante céréale : c'est l'*avoine cultivée*. On lui a donné ce nom pour la distinguer des nombreuses espèces d'avoine qui ne peuvent servir que comme *plantes fourragères* ou qui sont de *mauvaises herbes*.

L'avoine se distingue facilement des autres céréales par son épi en forme de *panicule* (fig. 32), son *grain* allongé et mince.

On en cultive plusieurs variétés : elles diffèrent surtout par la couleur du *grain*, qui est *jaune* ou *noire*. On compte, parmi les variétés les plus estimées, l'*avoine blanche du Nord*, l'*avoine noire de Brie*, l'*avoine de Hongrie*.

L'avoine, semée au printemps, mûrit généralement après le froment.

Il ne faut pas attendre la maturation complète pour faire la moisson ; car l'avoine *s'égrène* facilement, et on perd beaucoup de grain si on la coupe trop mûre.

Le *rendement* de l'avoine est très variable ; les saisons exercent à cet égard une très grande influence. Pour l'ensemble de la France, on évalue la production moyenne à 25 hectolitres par hectare.

Le grain de l'avoine sert presque exclusivement à la *nourriture des chevaux* en France. Son enveloppe renferme une *substance aromatique* et stimulante, qui agit sur les chevaux qui la consomment.

Fig. 32.
Épillet d'avoine.

On fait consommer l'avoine en gerbe par les moutons soumis au régime de l'engraissement.

79. Maïs, Millet et Riz. — Le **maïs** (fig. 33) est cultivé pour la production du grain dans l'est et le midi de la France ; il ne mûrit pas dans la région septentrionale du pays.

La plante est *annuelle*. La *tige* est simple, droite et raide ; les *feuilles*, larges et longues, engainent la tige et sont alternes. Les *fleurs* sont monoïques ; les fleurs mâles apparaissent au sommet de la tige et les fleurs femelles se développent à l'aisselle des feuilles.

Les *grains* sont réunis sur un *épi* serré, dont l'axe est gros et charnu, entouré de plusieurs gaines formant un' involucre ; ils sont disposés en lignes parallèles et longitudinales sur l'axe de l'épi.

Les principales variétés cultivées sont :

Le *maïs quarantain* dont le grain est arrondi, recouvert d'une écorce fine, de couleur jaune clair ou blanche ;

Le *maïs blanc des Landes*, dont le grain est de couleur blanche, un peu aplati ;

Le *maïs d'Auxonne*, dont le grain est jaune, recouvert d'une peau un peu épaisse.

On sème généralement le maïs en avril pour récolter en octobre, en lignes distantes de 50 à 60 centimètres.

Pendant la végétation, on *sarcle* pour enlever les mauvaises herbes, et on *butte* pour donner de la force aux tiges. Lorsque la floraison est achevée, on *étête* les tiges, afin que la sève se dirige surtout vers les épis ; les bouts de tiges servent de nourriture verte pour le bétail.

Le maïs, réduit en farine, sert à l'*alimentation* ; on en fait soit des galettes, soit des bouillies.

On se sert aussi

Fig. 33. — Pied de maïs.

du maïs pour engraisser les volailles. Il est employé en grand dans la distillerie pour la production de l'alcool.

Le **millet** est une plante *annuelle*, dont la tige peut atteindre une hauteur de 1^m,50. Les fleurs s'épanouissent à l'extrémité de la tige en *panicules* inclinées. Les *graines* sont petites.

Le *millet commun*, dont les graines sont d'un blanc jaunâtre, est celui que l'on cultive du France.

Le **riz** est une plante des contrées méridionales, qui exige à la fois de la *chaleur* et de l'*humidité* pour bien se développer. On ne le cultive en France que sur des étendues très restreintes, dans la région méridionale, notamment le bassin du Rhône.

Le riz est une plante *annuelle*, à tige herbacée ; les fleurs sont en panicules terminales allongées. Le *fruit* est coriace, il renferme un *grain* blanc ou rougeâtre, suivant les variétés.

On appelle *rizières* les terrains consacrés à la production du riz. Si leur surface n'est pas horizontale, on la dispose en compartiments, de façon à pouvoir les couvrir d'eau.

Dans la Chine et le Japon, on cultive une variété appelée riz de montagne.

IV. — GÉOLOGIE

CHAPITRE XIV

PRINCIPAUX TERRAINS

80. Division des terrains. — Les géologues donnent le nom de *terrain* à chaque ensemble de couches que l'on peut considérer comme ayant été produites par un même concours de circonstances, entre deux périodes géologiques.

L'observation des couches fait d'abord distinguer les roches éruptives qui constituent le **terrain primitif** de toutes les roches de dépôt qui constituent les **terrains sédimentaires**.

Les couches sédimentaires sont celles qui ont été produites par les eaux. Elles sont superposées en couches qui représentent la succession des dépôts ; elles renferment presque toujours des débris ou des empreintes d'animaux ou de végétaux.

Le *terrain primitif* n'est jamais en couches parallèles superposées ; ses roches ressemblent aux roches volcaniques récentes, comme celles du Vésuve, ou anciennes, comme celles des monts d'Auvergne. Il n'a jamais de fossiles.

81. Division des terrains sédimentaires. — Les terrains sédimentaires sont groupés d'après leur ancienneté. Si toutes les couches étaient horizontales, l'âge relatif de chacune d'elles serait très facile à établir. Mais quand elles sont inclinées, plissées, ondulées, ce travail de classement devient plus difficile et il faut faire intervenir des observations diverses, comme celle de l'inclinaison par une roche éruptive des couches sédimentaires déjà existantes et sur lesquelles il s'est depuis déposé d'autres couches horizontales (fig. 34).

En tenant compte de la superposition des terrains, de leurs différences de stratification, des fossiles qu'on y trouve, des roches qu'ils renferment, on a pu classer

Fig. 34. — Roches éruptives et roches sédimentaires. Une partie des roches sédimentaires ont été inclinées par l'éruption. Les autres roches de dépôts restées horizontales sont postérieures à l'éruption.

les terrains sédimentaires ou stratifiés en quatre grands groupes que l'on désigne par les noms de **primaire**, **secondaire**, **tertiaire** et **quarternaire**, et qui se subdivisent eux-mêmes en étages distincts les uns des autres par la nature de leurs roches principales.

82. Fossiles. — On nomme **fossiles** des débris ou des empreintes d'êtres organisés, d'animaux et de végétaux, qui ont laissé leur trace sur les roches. Ce sont des coquilles, des dents, des os, des débris végétaux et des empreintes de feuilles ou de tiges (fig. 35).

Un grand nombre de dépôts sédimentaires sont presque entièrement composés de coquilles et de fragments de polypiers; d'autres renferment des parties dures d'animaux qui ont pris une consistance pierreuse, d'autres enfin présentent des empreintes et des moules incrustés dans les roches.

On les distingue en deux groupes : ceux des animaux marins et ceux des animaux terrestres ayant vécu dans l'air ou dans les eaux douces ; et les sédiments dans lesquels ont les trouve sont aussi distingués en *sédiments d'eau douce* et en *sédiments marins*.

Tous ces débris sont précieux pour l'étude de la
géologie ; ils servent à prouver d'abord que les couches
où on les trouve ont été déposées par les eaux ; ils aident

Fig. 35. — Empreintes de feuilles sur un schiste houiller.

à caractériser les différentes couches, à reconnaître si
le terrain a été autrefois le fond d'un lac ou le fond
d'une mer.

Chaque terrain a un certain nombre d'espèces qui lui
sont propres ; ainsi, les couches sédimentaires les plus
anciennes ont des crustacés singuliers que l'on ne retrouve pas dans les terrains postérieurs. Les schistes
de l'étage houiller portent des empreintes de grandes
prêles et de grandes fougères ; les terrains secondaires
ont, avec des coquilles de mollusques, des ossements
de grands reptiles sauriens. Les couches plus récentes

renferment, avec des coquilles marines et des coquilles d'eau douce, les restes de grands mammifères se rapprochant par leur genre de vie de nos espèces actuelles.

Les figures 37, 38 et 40 représentent des coquilles diverses : le *trilobite* des terrains anciens, l'*ammonite* commune dans les terrains jurassiques et les fossiles d'eau douce d'un des étages du terrain tertiaire.

83. Terrain primitif. — Le terrain primitif forme en France le plateau central, les collines qui s'étendent du nord au sud entre Avallon et le Vigan, de l'ouest à l'est entre la Vienne et le Rhône ; en Bretagne, deux grandes bandes de montagnes peu élevées, un massif à Cherbourg, la crête des montagnes des Vosges, l'axe de la chaîne des Pyrénées, le massif du mont Blanc dans les Alpes et celui de l'Oisans dans le Dauphiné.

C'est le *granit* qui y domine avec le *gneiss* et le *micaschiste* ; ce sont les *basaltes* et les autres roches volcaniques anciennes qui forment les monts d'Auvergne.

Résumé. — On donne le nom de **terrain** à chaque ensemble des couches qui ont eu une même formation et qui présentent une composition analogue.

On distingue le *terrain primitif*, formé de roches éruptives et les *terrains sédimentaires*, formés de couches déposées par les eaux. Ces derniers sont divisés en primaires, secondaires, tertiaires et quaternaires.

On nomme **fossiles** des débris ou des empreintes de végétaux et d'animaux qui ont laissé leur trace sur les roches. Tous ces débris sont précieux pour le géologue ; ils lui permettent de caractériser et de distinguer les couches et ils lui apprennent si les dépôts ont été effectués par les eaux douces ou par la mer. Chaque terrain a un certain nombre de fossiles qui lui sont propres ; les plus anciens ont des crustacés et des mollusques, les plus récents des mammifères se rapprochant de nos espèces actuelles.

Le **terrain primitif** forme en France le plateau central, la crête des Vosges, l'axe des Pyrénées, le massif du mont Blanc.

On y trouve le *granit*, les *gneiss*, les *micaschistes* et les *basaltes* ou roches volcaniques anciennes.

CHAPITRE XV

TERRAINS DE SÉDIMENTS PRIMAIRES ET SECONDAIRES

84. Terrains primaires. — Les terrains primaires reposent toujours sur le terrain primitif, et il peut n'y avoir aucun dépôt au-dessus d'eux.

Ils sont caractérisés par des roches *schisteuses* ou en feuillets et par des fossiles appelés **trilobites**, à cause de la subdivision longitudinale de leur corps en trois parties (fig. 36).

On y distingue trois âges principaux : l'étage *silurien*, le *dévonien* et le *carbonifère*.

Le **silurien** contient, avec de nombreux trilobites, des empreintes d'un polype voisin de l'hydre et qu'on nomme *graptolites*. Il a des roches schisteuses ordinairement noires .Telles sont les **ardoises** d'Angers.

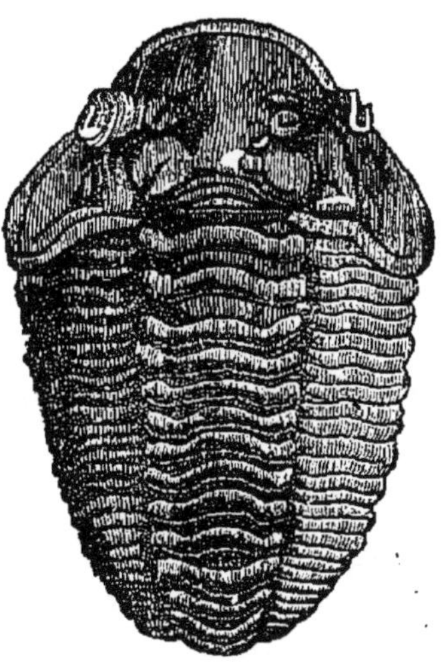

Fig. 36. — Trilobite des terrains primaires.

Le **dévonien** renferme, avec de nombreux trilobites, un brachiopode particulier appelé *spirifer*. Il présente, à côté de roches schisteuses, des calcaires fondus, *marbres noirs ou colorés*, exploités dans les Ardennes et les Pyrénées.

L'étage **carbonifère**, ainsi appelé des couches de charbon qu'on y trouve, a pour fossiles, avec les trilobites, un brachiopode du nom de *productus*. On y rencontre également beaucoup d'empreintes de végétaux, des cryptogames vasculaires, comme les *grandes fougères*, les *sigillaires* et même des *gymnospermes* et des *cycadées*.

La **houille** en est le produit le plus important. Elle est exploitée en France dans le Nord et le Pas-de-Calais, autour du plateau central, au Creusot, à Blanzy, à Saint-Étienne, à Commentry.

85. Terrains secondaires. — Les terrains secondaires, formés d'un ensemble de couches qui ne reposent que sur du terrain primaire ou sur du terrain primitif, sont caractérisés à la fois par des *roches calcaires* et par des coquilles de *mollusques céphalopodes*, les *ammonites* et les *bélemnites*.

Les **ammonites** (fig. 37) sont des coquilles enroulées avec des loges successives séparées par des cloisons sinueuses.

Les *bélemnites*, telles qu'on les recueille, sont des

Fig. 37. — Ammonites des terrains secondaires.

pointes pierreuses en forme de cigare ; on suppose qu'elles appartenaient à la coquille interne d'un mollusque voisin de la seiche.

Les terrains secondaires ont été divisés en trois âges successifs :

Le *trias*, ainsi nommé de ses trois couches différentes ;

Le *jurassique*, très abondant dans le Jura ;

Le *crétacé*, dont la roche abondante est la craie.

86. Trias. — Le trias présente trois couches : le *grès bigarré* ou *grès des Vosges*, le *calcaire conchylien* et les *argiles irisées*, ainsi nommées de leurs multiples colorations.

Les fossiles principaux y sont des mollusques céphalopodes voisins des ammonites, et appelés *cératites*.

Outre le grès des Vosges exploité pour la construction, on y trouve des roches de **sel** conservées à l'abri de l'eau entre des couches de marne. Les *sources salées* de l'est de la France se sont formées dans l'étage triasique.

87. Jurassique. — Le jurassique, qui forme presque tout le Jura, est caractérisé par de nombreuses ammonites et bélemnites. Ses roches sont toutes du calcaire, un peu argileux dans les étages inférieurs, ou *lias*, en petits grains rappelant des œufs de poisson dans l'**oolithe**, très serré et fin dans l'*oxfordien*, où l'on trouve la pierre lithographique.

Le caractère le plus saillant du jurassique, c'est la présence en certains points des débris de reptiles marins comme l'*ichthyosaure*, un grand saurien dont les pattes étaient transformées en nageoires.

On exploite dans le terrain jurassique un calcaire argileux pour ciment de Vassy ou de Pouilly, la pierre à bâtir, la pierre lithographique et des minerais de fer.

88. Crétacé. — Le crétacé, qui tire son nom de la craie, renferme, avec des bélemnites, des ammonites moins enroulées que celles du jurassique et de nombreux oursins dont les têts calcaires gardent très nette la trace des piquants.

On exploite la craie marneuse, la craie blanche contenant des rognons et des

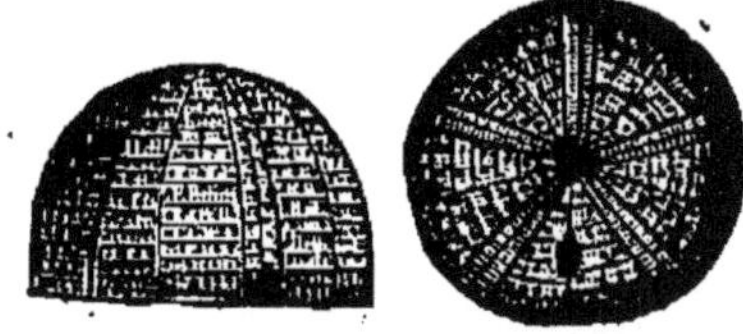

Fig. 38. — Oursin du terrain crétacé.

bancs de silex ; on exploite aussi des gisements de nodules et des sables contenant du phosphate de chaux très estimé comme engrais.

Résumé. — **Terrains primaires.** — Les terrains primaires ne reposent jamais que sur le terrain primitif ; ils ont pour fossile caractéristique le **trilobite**, et les roches qui les forment sont le plus souvent *schisteuses*, c'est-à-dire disposées en feuillets.

Ce sont les couches du **terrain de transition** où l'on trouve les **ardoises** ; ce sont les *marbres* des Ardennes et des Pyrénées formant la première assise du **terrain carbonifère** ; ce sont les

couches de houille avec leurs schistes dont les empreintes de feuilles et de troncs d'arbres révèlent la puissante végétation de cette ancienne époque.

Terrains secondaires. — Les terrains secondaires renferment un ensemble de couches qui ne reposent que sur des terrains primaires ou sur du terrain primitif.

Leurs fossiles caractéristiques sont des mollusques céphalopodes, **ammonites** et **bélemnites.**

Leurs roches sont, à la base, des grès, et dans toutes les autres assises, des calcaires divers.

On les a divisés en trois terrains distincts :

Le **trias** avec ses trois couches : *grès bigarré, calcaire* à *coquilles* et *argiles irisées;* ses dépôts de sel gemme et ses sources salées;

Le **jurassique**, qui forme presque tout le Jura, avec ses couches *calcaires*, ses *pierres oolithiques* à grains serrés, ses nombreuses coquilles de mollusques et ses grands reptiles, comme l'*ichthyosaure*, qui tenait encore du poisson par ses organes de natation ;

Le **crétacé** qui comprend tous les étages de la *craie*, depuis la *craie marneuse* jusqu'à la *craie blanche*, avec ses *silex* interposés, ses *oursins* fossiles et ses nodules de phosphate de chaux.

CHAPITRE XVI

TERRAINS TERTIAIRES ET QUATERNAIRES

89. Terrain tertiaire. — Les terrains tertiaires qui reposent sur les terrains primitifs, ou sur les terrains primaires, ou sur les terrains secondaires, sont caractérisés par des fossiles qu'on y trouve en abondance : les *cérithes*, coquilles en cône allongé d'un gastéropode marin ; les *nummulites*, carapaces en disque de protozoaires, du groupe des foraminifères.

On divise l'époque tertiaire en trois grands étages :

L'**éocéne** comprend les couches les plus inférieures avec les nummulites et et les cérithes comme fossiles caractéristiques et les squelettes d'animaux mammifères, comme le *paléotherium*, pachyderme voisin des tapirs actuels.

On y trouve des *sables*, des *grès*, des argiles, comme l'*argile plastique* des environs de Paris, le *calcaire grossier*, les *carrières à plâtre* de Montmartre. On y trouve également des *pierres meulières*.

Le terrain **miocène**, qui forme les couches moyennes des terrains tertiaires, contient beaucoup de mammi-

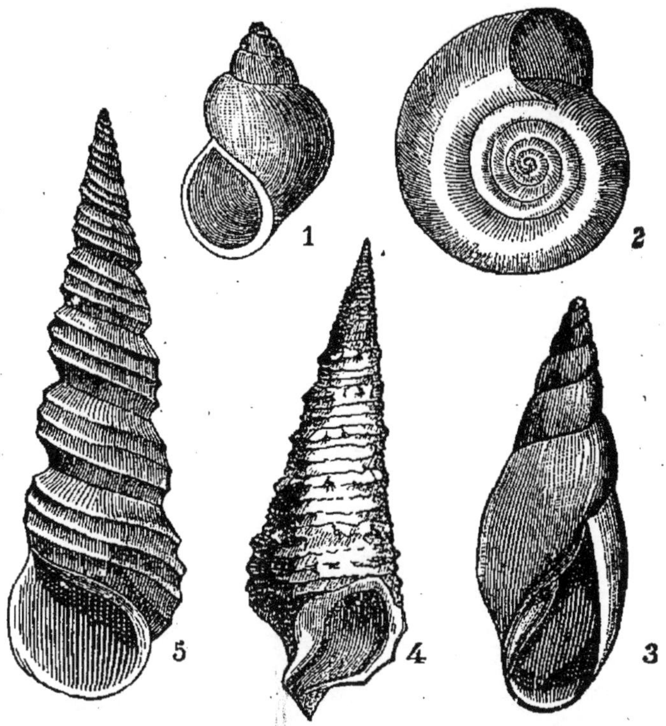

FIG. 39. — Fossiles principaux des couches de l'étage éocène ; 1. Paludine ; — 2. Planorbe ; — 3. Lymnée ; — 4. Grande cérithe ; — 5. Turitelle.

fères fossiles. Le plus grand et le plus caractéristique est le *dinothérium* (fig. 41), sorte de grand éléphant avec des défenses portées par la mâchoire inférieure. On cite aussi le *mastodonte* qui était de très grande taille, herbivore comme le précédent, avec d'énormes molaires en meules.

L'étage **pliocène** forme les assises supérieures du tertiaire. On y trouve aussi des fossiles mammifères ; le plus caractéristique est l'*hipparion*, qui se rapprochait beaucoup du cheval actuel. On y trouve aussi des empreintes de feuilles ou de tiges de végétaux se rapprochant des espèces végétales actuelles.

Les terrains tertiaires apparaissent un peu dans le

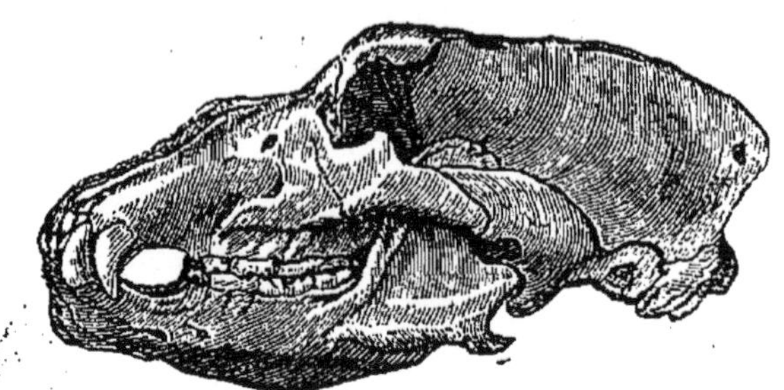

FIG. 40. — Tête de l'ours des cavernes.

bassin du Rhône ; ils sont assez répandus dans l'Aquitaine, mais c'est dans le bassin de Paris qu'on trouve surtout toutes les couches de l'éocène.

90. Terrains quaternaires. — Les terrains quaternaires, qui peuvent recouvrir les précédents, mais

FIG. 41. — Dinothérium (époque miocène).

qui ne sont jamais recouverts par eux, ressemblent aux dépôts actuels des eaux douces ou de la mer.

Les cerfs à grandes cornes, les grands ours, le *mammouth*, grand éléphant à long poil, sont les mammifères fossiles les plus remarquables.

On suppose qu'à un certain moment de l'époque quaternaire les glaciers avaient pris une très grande extension, et on nomme *époque* ou *période glaciaire* le temps qui correspond à cette extension des masses de glace. C'est l'étude des anciennes moraines et des blocs erratiques qui a fixé les idées des géologues sur cette période.

L'homme était très probablement contemporain de cette époque quaternaire, ainsi qu'en témoignent quelques squelettes et de nombreux vestiges de ses premières armes et de ses premiers instruments.

On divise souvent l'époque quaternaire d'après les différents ustensiles qui ont servi aux hommes primitifs : on y distingue l'âge *de la pierre taillée*, l'âge *de la pierre polie*, l'âge *du bronze et du fer*.

L'âge *de la pierre taillée* est ainsi nommé parce qu'on y trouve des silex écaillés, éclatés en forme de couteaux, de pointes, de piques qui ont servi de premières armes. C'est l'époque du renne et du mammouth, car on a trouvé dans les cavernes des instruments en bois de renne et des dessins de mammouth.

L'âge *de la pierre polie* représente un progrès de l'industrie humaine. Les couteaux, haches, pointes, flèches, etc., sont en silex usés et polis par frottement.

L'âge *du bronze* est venu ensuite. Il est relaté dans les plus anciens documents historiques que les hommes savaient fondre les métaux que la nature leur offrait abondamment à l'état natif.

Terrains actuels. — Les terrains actuels sont ceux qui se forment constamment au fond des mers, au fond des marais tourbeux, à l'embouchure des fleuves. C'est la terre végétale formée des débris de roches mêlés aux débris des végétaux et dans laquelle croissent les plantes.

Résumé. — **Terrains tertiaires.** — Les terrains tertiaires qui ne sont jamais recouverts par les précédents, mais qui les recouvrent les uns ou les autres, renferment des *sables*, des *grès*, des *marnes* et

7**

des *argiles*, des *meulières* et des *calcaires*. Ils sont particulièrement développés dans le bassin de Paris où l'on trouve l'*argile plastique* avec ses fossiles d'eau douce, les carrières à *plâtre* de Montmartre et le *calcaire grossier* à cérithes.

C'est dans ces couches qu'ont été trouvés les ossements des premiers mammifères se rapprochant, par leur régime, de nos pachydermes, mais dont quelques-uns, comme le *dinothérium*, présentaient une taille gigantesque.

Terrains quaternaires. — Les terrains quaternaires qui ne sont jamais recouverts par aucun des précédents, mais seulement par des couches de formation récente, n'ont ni la puissance, ni la régularité des dépôts des terrains plus anciens. On y distingue les débris de la *période glaciaire* et des couches d'alluvions formées de limon, de sable, de graviers, de cailloux roulés qu'on appelle le *diluvium*.

On suppose qu'au début de cette époque une partie de la terre était couverte de glaciers qui en fondant ont abandonné leurs blocs erratiques, entraîné leurs moraines, provoqué de grands courants d'eau auxquels sont dues nos vallées actuelles.

L'homme existait à cette époque : on retrouve ses ossements et les vestiges de son industrie avec les ossements des animaux, notamment des rennes qui ont vécu avec nos premiers ancêtres.

Tous ces terrains s'étagent les uns sur les autres, et une tranchée un peu profonde pratiquée sur une grande étendue les présente tous ou presque tous dans leur ordre de succession.

V. — AGRICULTURE

CHAPITRE XVII

NOTIONS DE COMPTABILITÉ AGRICOLE

91. Objet de la comptabilité. — La comptabilité, dans son sens général, est la manière de tenir des comptes exacts et précis de toutes les opérations commerciales auxquelles on se livre. Son objet est de renseigner à tout instant, ou au moins à des périodes déterminées, sur l'état réel des affaires, les bénéfices que l'on a réalisés, les pertes que l'on a subies. Ses moyens, ce sont les *registres* ou *livres* sur lesquels on consigne toutes les opérations.

La comptabilité est nécessaire pour les cultivateurs, car la mémoire, quelque fidèle qu'elle soit, est impuissante à retenir tous les faits qui constituent l'ensemble des opérations annuelles d'un train de culture.

Longtemps les cultivateurs n'ont pas eu d'autre comptabilité que celle qui consiste à inscrire sur un registre unique ou sur deux livres séparés, les recettes et les dépenses au fur et à mesure qu'elles se produisaient. C'était trop peu, car on n'était renseigné que sur les bénéfices ou les pertes, sans pouvoir retrouver facilement ce qui avait pu déterminer les uns ou les autres.

92. Méthode à suivre. — La comptabilité en *partie double*, que le commerce emploie couramment, n'est ni simple, ni commode pour la culture. Elle consiste, en effet, à ouvrir des comptes à chacune des parties d'une ferme, comme s'il y avait des transactions effectuées entre elles, et ces transactions seraient presque toujours fictives.

La comptabilité en *partie simple* est celle qui convient le mieux aux opérations agricoles, toutes les fois que la ferme n'est pas réunie à une industrie spéciale, comme une sucrerie ou une distillerie, qui en transforme les produits.

La comptabilité ne doit, en principe, enregistrer que des faits, c'est-à-dire des opérations effectuées, et elle doit les enregistrer dans leur ordre et sous leur date.

Dans chaque exploitation agricole, on trouve deux ordres de faits à enregistrer.

Les faits *intérieurs*, qui se rapportent aux matières premières, et qui concernent les denrées et les produits déplacés, transformés ou consommés dans la ferme : pailles, engrais, fourrages, provisions de bouche, etc.

Les faits *extérieurs* sont relatifs à l'achat du bétail, des outils, des engrais, des semences, etc., à la main-d'œuvre et à la vente des produits de la culture.

Les premiers sont des déplacements de matières et de denrées ; ils donnent lieu au *compte-matières* qui les enregistre. Les seconds sont des faits financiers, parce qu'ils entraînent toujours, avec les déplacements de denrées, des déplacements d'argent qui entre dans la bourse du cultivateur ou qui en sort ; ils sont enregistrés par le *compte-espèces*.

Pour enregistrer avec précision les faits qui servent de base aux calculs de la comptabilité, il faut avoir recours à la balance et à la bascule. Ces instruments sont absolument nécessaires dans une exploitation agricole bien organisée. Tout ce qui entre dans la ferme doit être pesé rigoureusement, de même que tout ce qui en sort.

L'examen de ses livres de compte permet au cultivateur de déterminer les dépenses qu'il a faites pour exécuter tels travaux, pour obtenir telle ou telle denrée qu'il doit vendre. Par cet examen, il peut connaître le prix de revient de ces denrées ; il est en mesure de déduire, par la comparaison avec les prix de vente, les bénéfices qu'il a réalisés ou les pertes qu'il a subies. Il a donc intérêt à tenir régulièrement note de toutes ses opérations et à adopter un mode de comptabilité simple, clair, facile à relever et à contrôler.

93. Inventaire. L'inventaire est l'inscription sur un livre spécial de tout ce que possède le cultivateur à une date déterminée. Il est la base de la comptabilité.

On fait l'inventaire une fois l'an, ordinairement en décembre ou au commencement de janvier. A ce moment, les travaux sont moins urgents et laissent plus de liberté au cultivateur. Les fermiers font parfois l'inventaire à la date qui correspond, chaque année, à l'époque de l'entrée dans ferme.

L'inventaire comprend d'abord le *capital* du cultivateur sous ses diverses formes, et les *produits* qui se trouvent en magasin dans la ferme. Leur ensemble forme l'*actif* ou l'*avoir* du cultivateur.

Du total de l'actif il faut retrancher les dettes que le cultivateur peut avoir dans ses comptes avec ses fournisseurs. C'est le *passif*.

La différence entre le passif et l'actif représente la situation de sa fortune.

Les formes sous lesquelles se présente le capital du cultivateur représentent autant de divisions ou de chapitres de l'inventaire. Voici ces chapitres :

1° *Le mobilier du ménage :* tous les objets à l'usage personnel du cultivateur et de sa famille, meubles, linge, etc.;

2° *Le mobilier de culture :* les outils, les instruments et les machines, les harnais, les voitures, le mobilier d'étable, de bergerie, de porcherie, etc. ;

3° *Le bétail :* chevaux et juments, ânes, bœufs et vaches, moutons, porcs, animaux de basse-cour ;

4° *Les récoltes en magasin*, c'est-à-dire les céréales en gerbes, les grains battus, les pailles, les fourrages, les racines, les plantes de toute nature ;

5° *Les fumiers* et *engrais* commerciaux en magasin ;

6° *L'argent* en caisse ;

7° *Les créances*, ou les sommes dues au cultivateur.

L'argent en caisse, les créances, sont très faciles à établir. Les autres chapitres de l'inventaire présentent plus de difficultés. Sans doute on compte facilement les objets du mobilier, les charrues, les herses, les têtes de bétail, mais il faut en établir la valeur. Les meubles et les instruments s'usent plus ou moins vite, les animaux changent constamment de valeur.

Le cultivateur doit éviter de faire des évaluations exagérées, qui le tromperaient sur sa situation. Par exemple, il ne faut porter à l'inventaire la valeur tout entière d'objets de mobilier que l'année même de l'achat ; chaque année, il faut diminuer cette valeur d'un quantième qui varie suivant la rapidité de l'usure, de manière que l'*amortissement* de la dépense soit complet quand arrive le moment de remplacer les objets.

Pour les récoltes en magasin et les animaux domestiques, le cultivateur a une base d'appréciation de leur valeur pécuniaire dans les cours des marchés. Il est toutefois prudent, à cause de la variation de ces cours, de faire des estimations plus faibles que le cours réel au moment de l'inventaire.

La comparaison des inventaires successifs indique le résultat réel des opérations de la culture d'une année à l'autre.

CHAPITRE XVIII

LIVRES DE COMPTES

Les *registres* sur lesquels on inscrit toutes les opérations de la ferme, sont les **livres de comptes**. Il importe que ces livres soient toujours au courant.

Les livres de comptes indispensables au cultivateur sont : 1º le livre de caisse ; — 2º le livre de magasin ; — 3º le livre du bétail ; — 4º le livre de la ménagère et les carnets auxiliaires.

94. Livre de caisse. — Le livre de caisse est celui sur lequel on inscrit toutes les *recettes* et toutes les *dépenses*.

Sur le recto des feuillets, on inscrit les *recettes ;* sur le *verso*, les *dépenses*. Sur chaque page sont trois colonnes : la première, pour la date ; la deuxième, pour le motif de la recette ou de la dépense ; la troisième, pour la somme reçue ou dépensée. Cette dernière est divisée comme il est dit ci-après.

Les *recettes* se divisent en trois grandes subdivisions : celles qui ont pour origine le bétail et ses produits, celles qui proviennent de la culture et les recettes de nature diverse. On fera donc quatre cases dans la colonne destinée aux sommes reçues : la dernière contiendra toutes les recettes ; les trois autres auront pour but de classer les rentrées d'argent d'après leur origine. On inscrira donc deux fois chaque somme reçue : une fois dans la colonne générale des recettes, et une autre fois dans l'une des trois colonnes précédentes.

Pour les *dépenses*, il en sera de même. Les causes des dépenses se rangent en cinq classes : salaires et main-d'œuvre, mobilier et entretien des bâtiments, achat du bétail et de sa nourriture, achat de semences et d'engrais, dépenses diverses (impôts, dépenses de la maison, voyages, fermage, etc.)

On fera donc six colonnes sur la partie de la page où l'on inscrit les dépenses : une colonne générale et cinq colonnes spéciales.

Le livre de caisse est vérifié à la fin de chaque mois ; on compare le résultat donné par la vérification du livre avec l'argent en caisse et on s'assure ainsi que toutes les dépenses et toutes les recettes ont été inscrites régulièrement.

95. Livre de magasin. — Le livre de **magasin** est celui sur lequel on inscrit l'entrée et la sortie des denrées produites dans la ferme ou des matières diverses que le cultivateur achète. On n'y inscrit que les quantités en poids ou en volume, sans évaluation.

La forme de ce livre peut être très simple ; il renfermera autant de divisions que la culture comporte de *produits* : céréales, racines, plantes textiles, fourrages, etc.; puis d'autres divisions pour les denrées achetées, engrais, semences, etc.

Pour chaque division, deux colonnes indiquent les quantités entrées et les quantités sorties, avec la date correspondant à l'entrée et à la sortie. En même temps que la sortie, une courte indication constate la destination de ces denrées. Un relevé fait de temps en temps permet de se rendre compte facilement des denrées consommées par l'étable, l'écurie, la bergerie, etc.

96. Livre du bétail. — Le livre des mouvements du bétail est tenu comme le livre de magasin ; il sert surtout à indiquer les entrées, avec leur date, qu'elles aient eu lieu par achat ou par naissance, les sorties par vente ou par abatage.

Les saillies y sont notées à leur date. On fait dans ce livre autant de chapitres que l'on a d'espèces d'animaux dans la ferme, les chevaux, les bœufs, les vaches, les moutons, les porcs. On peut ainsi y suivre un animal depuis son entrée jusqu'à sa sortie.

97. Carnets auxiliaires et **Livre de la ménagère.** — Les carnets auxiliaires les plus utiles sont de deux sortes.

Sur les uns, on porte la nomenclature des pièces de terre de la ferme, avec l'indication des cultures qu'on y entreprend, des travaux qu'on y exécute, des récoltes qu'on y fait.

Les autres sont consacrés à la main-d'œuvre ; ils servent à inscrire la nature des travaux exécutés jour par jour par les divers ouvriers de la ferme, les salaires qu'on leur paie, dont on peut ne porter alors que le total sur le livre de caisse.

Aux carnets auxiliaires se rapporte le **livre de la ménagère,** on y inscrit les dépenses de maison, les recettes et les dépenses de la partie de la ferme dont la ménagère est spécialement chargée. C'est là qu'on trouve les produits de la laiterie, de la fabrication du beurre et des fromages, les résultats de la basse-cour. C'est un petit livre de caisse dont le résumé est transcrit chaque mois sur le livre de caisse principal.

La tenue régulière de ces livres n'exige du cultivateur que quelques minutes par jour. Et en les compulsant il peut constater les bénéfices qu'il retire de telle ou telle culture, ou les pertes qu'elle lui fait subir. Il sait ce que lui coûtent et ce que lui rapportent ses animaux domestiques ; en un mot, il se rend un compte exact de toutes ses opérations.

TABLE DES MATIÈRES

Paris. — Imp. E. Capiomont et Cie, rue des Poitevins, 6.

OUVRAGES DE M. PH. ANDRÉ

9 782019 225933